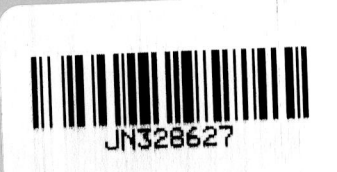

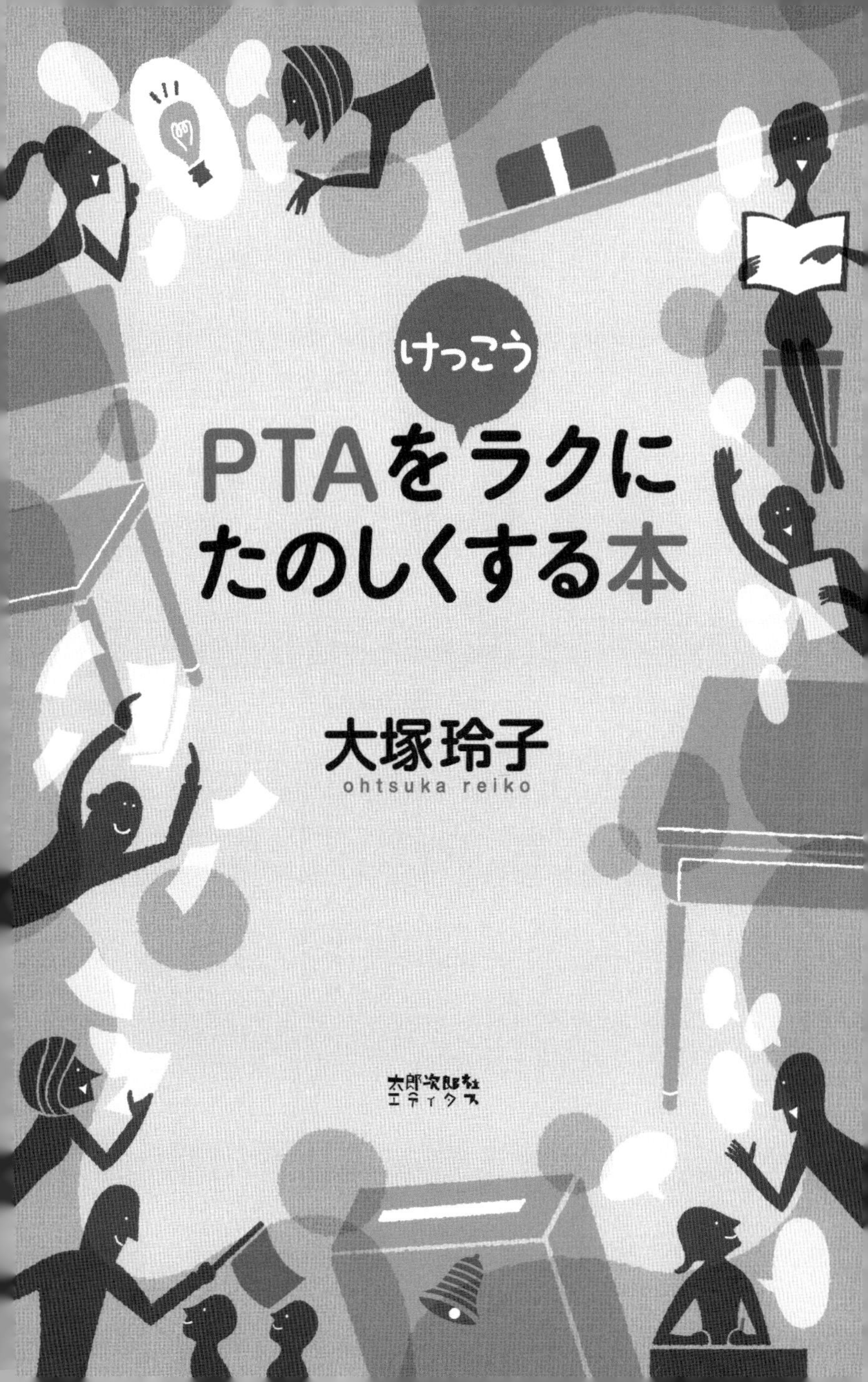

けっこう

PTAをラクにたのしくする本

大塚玲子

ohtsuka reiko

太郎次郎社エディタス

まえがき

PTAに関心をもつ人は、いま、だんだんと増えているようです。「**もっと子どものことにかかわりたい**」と考える、育児に主体的な父親たち。「**知りあいを増やしたい**」「**情報を得たい**」「**子どもの教育をサポートしたい**」と願う親たち。「**地域活動に参加したい**」と考える人たち。

みんなそれぞれ、PTAというネットワークやその活動に含まれる、さまざまな可能性に注目しています。

けれど、「正直言って、いまのPTAにはあまりかかわりたくない」というのが、多くの人の本音でしょう。

みんなが「いやいや」やっている、義務化・慣例化した活動。なり手が見つからず、毎年やたらと時間がかかる役員（委員）決め。そんな話を聞けば、および腰になるのは当然です。

かくいう筆者も、そんなPTA会員のひとりでした。委員の経験は（ちょっぴり）あるものの、これ以上のことはできれば勘弁してほしい……、そう思っていました。

でも、このままだと、「だれか」がその仕事をやり続けなければなりません。PTAをもっと活動しやすいものにしないと、問題は解決されないままです。

PTAを、だれかが、いやいや、やらなくてすむようにするためには、いったいどうしたらいいのでしょう？　それを知りたい人は、いま、たくさんいるはずです。

そこで、この本では、**PTAをいまよりラクに楽しくするための具体的なアイデアを、徹底的に紹介します。**

改革の先駆者たちに取材し、アンケート調査をおこない、PTAを変えるためのノウハウを、洗いざらい教えてもらいました。

小さなくふうから大きな改革例まで、どれを取り入れるかは、それぞれのPTAの状況に合わせて、決めてください。

いますでにPTAにかかわっている人たちにも、これからかかわる人たちにも、参考にしていただけたら幸いです。

ライター・大塚玲子

この本に収録したインタビューは2013年8月～2014年1月にかけておこないました。肩書はすべてインタビュー当時のものです。

PTAをけっこうラクにたのしくする本　目次

だれが、なにをしているの？
—— PTAの基礎知識

委員、役員、本部、運営委員……、
典型的なPTAの構成や、部署・役職名を解説します。
あなたのPTAでは、なんと呼ばれていますか？

学校によって呼び名はいろいろ

むかしからよくみられるPTAの構成について、最初に説明しておきます。部署や役職の呼び方はPTAによって異なるので、ここではそれぞれよく聞かれる名称をいくつかあげておきます（カッコ内参照）。

・４月の保護者会のとき、各クラスから、いくつかの**委員会**（**専門部**／**部**）の**委員**（**部員**）と、**学級委員**（**学級長**／**学年委員**など）を選びます。委員会の種類や名称、数はPTAによって異なり、たとえば広報委員会、校外委員会、文化委員会、選考委員会などがあります。

・PTAの執行機関にあたるのが、**本部**（**執行部**／**理事会**など）です。本部は多くの場合、会長・副会長・書記・会計などから構成されています。これらの役職の人は、**役員**（**本部役員**）と呼ばれます。

・本部役員に加え、各委員会の委員長、学年代表、学級委員などで構成されるのが、**運営委員会（実行委員会／常任委員会／評議委員会**など）です。運営委員会は、だいたい1か月に1回、校長・教頭（副校長）らと会合をおこないます。総会に次ぐPTAの議決機関（意思決定をおこなう機関）、または本部に次ぐ執行機関として位置づけられています。

・PTAの最高議決機関とされているのが**総会**です。
総会は、最近ではだいたい年に一度か二度、年度始め（と年度末）に開かれ、前年度の活動・決算報告、新年度の活動・予算計画の発表や、新旧役員のあいさつなどがおこなわれます。
総会は全会員が出席できるものですが、実際には、ほとんどの一般会員（役員以外）は委任状を出して欠席し、新・旧役員（前年度の役員と新年度の役員）と、先生たちだけが出席する、というケースが多いようです。

よくあるPTA組織図の一例

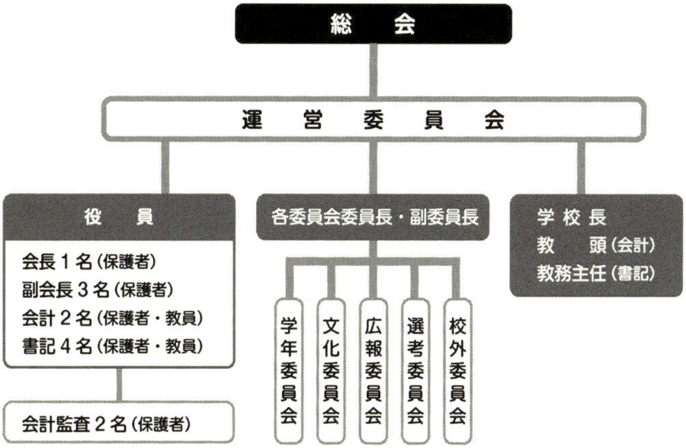

「ん?」と混乱しやすい名称

・４月に各クラスでおこなわれる係決めは、**役員決め**と呼ばれることが多いですが、実際は**委員決め**をおこなうものです。
（本部の）役員はまた別で、年末から３学期ころに選ばれます。各クラスの役員決め（委員決め）と区別して、**役員選出**と呼ぶこともあります。

・**保護者会**というのは、一般に、各クラスで担任が中心となっておこなう保護者との懇談会です。PTA（Parent Teacher Association＝保護者と教師の会）の「T」（教師）がはずれたかたち（PA）を「保護者（の）会」と呼ぶこともありますが、これとは別モノです。

・多くの学校では、**校長**の下に**教頭**がいますが、東京都の公立校などでは、教頭の代わりに**副校長**がいます。多くの学校で、PTA の担当は教頭、または副校長です。

・PTA の会員は「親（Parent)」と「教師（Teacher)」だけだと思われがちですが、正確には、**先生以外の教職員（給食スタッフや用務員さんなどを含む）**も会費を納めていることや、**保護者が親ではないこと**もあります（祖父母や親戚、施設職員など）。

1

PTAはだれのため？

こんなPTAになっていませんか？

□ 委員決めが押しつけあいになっている
□ 活動時間がメンバーの都合と関係なく決まる
□ 会議はいつも「全員出席」が必須
□ 専業母に負担が集中している

ラクにしていくためのチェックポイント

□ 会議や活動の希望時間帯をアンケートする
□ PTAの（本来の）目的を共有する
□ 負担の大きい活動を洗いだす
□ 来られない人への追及をやめる

どこが問題？ いまのPTA

「PTAやってね!」と言われた瞬間、
胸に湧きおこるブルーな気持ち。
なにがどうして、こうなった？

その1 「義務なのにやらない人はズルいよね」 ――――いやいやだから、つまらない

PTAはいま、多くの人にとって〝ただの義務〟であり、「つまらない、やりたくないもの」となっています。

4月の保護者会でおこなわれる「役員（委員）決め」は、なり手がいないためになかなか決まらず、くじ引きやじゃんけんで強制的に決められることもめずらしくありません。

〝義務だから感〟が強いため、「活動をやっていない人に対する不公平感」も生じます。

そこで「全員が公平に」委員をやるよう、「6年間にかならず1回は委員をやる」「ポイント制」※などといったルールまでが生まれ、そのことでさらに〝おつとめ感〟が増し、よりいっそうなり手が見つかりにくくなるという悪循環……。

これまでの活動全般を見直し、仕事の負担を減らしつつ、〝義務だから〟というだけではなく**〝楽しんで〟活動できるように、PTAを変えていきたいところです。**

その2 「去年もやったんだから、今年もやらなくちゃ」
――――「例年どおりの活動」が目的化

PTA は、子どもたちが育つ環境をよりよくするためにあるものですが、その本来の目的はしばしば忘れられ、**「例年どおりの活動をおこなうこと」が、目的とされがち**です。

そのため、みんなが内心、「これはもう要らないのでは？」「やり方が古いんじゃない？」と思う活動があっても、そのまま継続されてしまうことに。

同時に、新しい活動が敬遠される傾向もあります。

はりきって活動を提案すると、「来年引き継ぐ人が大変になる」などと、ほかの人から文句を言われたりもします。

PTA の本来の目的を思い出して、個々の活動を見直すこと。それがいま、求められています。

※ポイント制……「委員を１回引き受けると何ポイントで、子どもが卒業するまでに何ポイントためる」などといったルールをつくり、なるべく全員が〝おつとめを果たす〟ことをめざすもの。

その3 「火曜午後2時に集まってください」
――――仕事が専業母にかたよりがち

最近では、子育て世帯も共稼ぎがスタンダードになってきましたが、PTA の仕事に関してはまだ、専業母に集中しがちです。

この「PTA 仕事のかたより」という問題のポイントは、PTA 活動がおこなわれる時間帯にあります。

専業母が多かった時代のまま、**平日の日中だけに活動していたら、お勤めしている父親・母親が参加しづらいのは当然です。**かといって、**専業母ばかりに頼っていたら、彼女たちの負担は増していくばかりです。**

このような状態は、だれにとっても不幸です。**いろんな人が参加しやすくなるよう、みんなでアイデアを出していきましょう。**

【アンケート】PTA活動に都合の悪い時間帯は？

大田区立嶺町小学校PTA（▶22ページ）が会員にとったアンケートより（2012年）

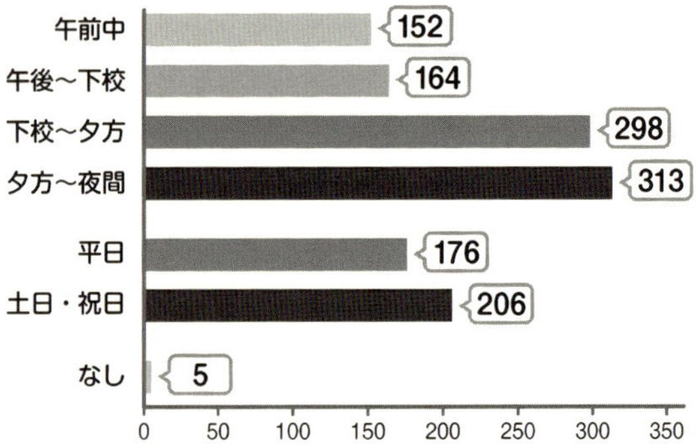

単位（人）：複数回答可

＊522 枚配布
500 枚回収

PTA活動をおこなうにあたって都合の悪い時間帯をたずねたところ、答えはみごとにバラバラでした。

共働き世帯が多数派

「男女共同参画白書　2013年度版」より

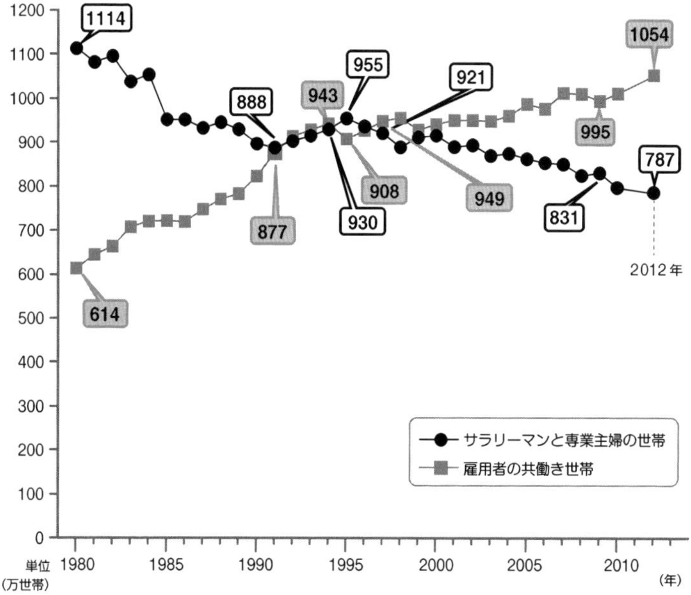

保護者の世代が育ったころとは、社会構造や人々のライフスタイルが大きく変化しています。PTAはこの変化に対応してきたでしょうか。

その4 「PTAが忙しすぎて、ほかになんにもできない」 ――――仕事の負担が大きい

本部役員はとくに、仕事の負担が過重になりがちです。

会議にかかる時間が長い、集まる頻度が高い、無駄な作業が多いなどで、**拘束時間がハンパではありません。**

P子さん

> 役員はほぼ毎日学校に行ってますし、夕方もほかの役員さんや学校からしょっちゅう電話がかかってきます。私が忙しいせいか、最近はよく、子どもの具合が悪くなります。

さまざまなくふうで**効率よく仕事をまわして、負担を減らしていく**ことを、この本ではめざします。

【アンケート】PTAの委員を引き受けて困ったこと

NPO法人 教育支援協会による全国の元&現役PTA会員向けアンケート（204ページ）より

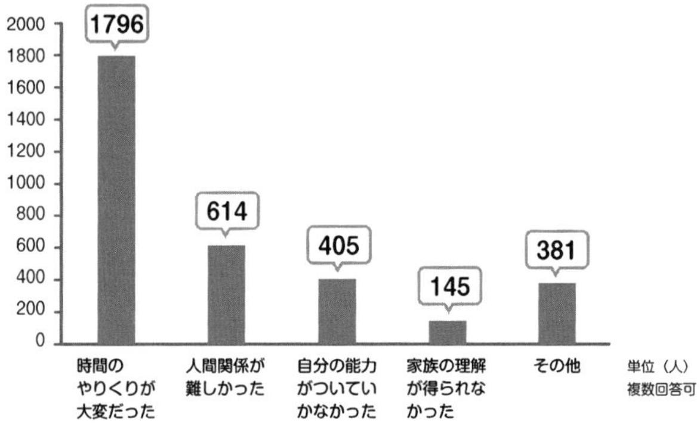

その5 「どんな事情があっても、やりましょう」——みんな一律に参加せざるをえない

保護者のなかには、PTA に参加することが、どうしてもむずかしい状況の人もいます。

たとえば、うつ病やがんなどの病気をわずらっている人、老親の介護をしている人、小さい子どもを抱えている人、ひとり親でダブル・トリプルワークをしている人、病気の夫や妻を抱えている人など、「活動に参加できない」という人もいます。

また一方では、失業中であったり、生活保護を受けていたりして、経済状況が厳しく、「会費を払えない」という人もいます。さらに、「活動」「会費」の両面において、参加がむずかしい人もいます。

ですが現状は、そういった人たちも、**一律に PTA に参加せざるをえない**ことがほとんどです。

しかも、事情があることは他人からはわからないので、参加を断るためには、個人的な事情を役員に伝えなければなりません。なかには、それを知られたくないために「できない」と言いだせず、自分を追いつめ、無理をして PTA に参加しつづける人もいます。

「みんな平等」とひと言ですませるのではなく、**すべての家庭が同じように PTA に参加するのは不可能であることを認識したうえで活動**すれば、みんなが少しずつラクになれます。

出られない理由は人それぞれ

B先生
公立小学校

担任の私のところに相談に来られたあるお母さんが、ご自身の**精神的な疾患や経済的な事情**について話されて、「だからPTA活動はいっさい参加しないでOKにしてほしいし、会費も払わないでOKにしてほしい。そして、このことをだれにも言わないでほしい」と頼まれました。

個別支援級の学級委員です。お祭りのとき、子どもたちは友だち同士で参加して、母親は祭りの手伝いをすることになっているのですが、個別級の親は子どもについていないとならない場合もあります。そういう事情をご存知ない方が多いので、「**みんな参加する決まりだから!**　個別級だからってサボらないで」のようなテンションで注意されたことがあります。

アールさん

すどさん

亡くなった妻の話です。PTAは、**とくに専業主婦に対して参加強制が多かった**ようです。うつ病になったときも、妻はPTAの仕事を断れずに悩んでました。年度末はPTAの仕事に加えて、自治会のイベントなども重なり、耐えられずに自殺しました。

シングルマザーで出張や休日出勤も当たりまえ。忙しくて授業参観にも参加できないのに、**無記名投票で役員**（委員）**に選ばれました。**

Aさん※

事情を話さなければいけないの？

身体の内部に障害があり、疲れやすいのですが、**ハタメにはふつうに見える**ので、わかってもらえません。PTAは「くじ引きで当たったら、どんな理由があってもやってもらいます」と言われていて、毎年怖いです。

Bさん※

Cさん※

SAD（社会不安障害）という病気です。PTAは恐怖でしかありません。**免除には病気を公表しなければならない**。どうして他人にそこまで恥をさらさなければいけないのか？

突然死で主人を亡くし、子ども2人を働きながら育てています。この6年間、役員（委員）から逃れるのに必死でした。パパがいないことは公表していないので、**断ろうにも理由が言えません**。

Dさん※

Eさん※

役員を引き受けられないという方の**手紙を、役員で回し読み**したことがあります。個人の事情をさらさなければいけないほど、PTAは重要でしょうか。

※18～20ページのA～Fさんのコメントは、webサイト〝Think！PTA！〟の〈『PTAの入退会自由に関する請願書』署名簿〉より引用。

（▶205ページ）

役員押しつけ&回避の攻防

A先生
公立小学校

PTAの役員（委員）決めがあるため**4月の保護者会は欠席が多い**です。PTAってなんのためにあるんでしょう?

B先生
公立小学校

役員に推薦された保護者は、ある日突然、体育館に呼びだされるそうで、「なんで私が呼びだされなきゃいけないんだ!」って、**担任に文句がきます**。「こんな制度、PTAにやめさせてくれ!」とか「PTAなんか、やめる!」とか、毎年大騒ぎですが、われわれ（先生）は、「そういうことになってますから」としか言えません。

Fさん※

高学年での役員くじびきを回避するため、みんな**低学年のうちにブナンな委員**に名乗りを挙げ、争奪戦になります。

外国人家庭への対応は?

萩原聡彦さん

外国人家庭が増えているが、**PTA会費について理解・協力いただくことが困難**です。

友口乃莉子さん

外国人の保護者もけっこう増えてきて、お手紙を配っても日本語が読めないため、伝わってないことがあります。日本の**PTAがどんなものか知らないまま委員に手を挙げて、決まってしまう**こともあります。

過大な負担、会員間の壁

副会長になったら**地域との会合にも出る**ので、書記のときよりかなり負担が増えました。会長さんはさらに地域のお祭りや〝会長会〟などにも出るので、ほんとうに忙しそう。前の会長さんは「『出るべき』とされる会合にもし全部出たら、年間200日かそれ以上になると思う」って話してました。

友口乃莉子さん

田中毅さん

副会長の女性は平日昼間を希望し、会長の私と副会長の男性は平日夜か休日の集まりを希望。しかし実際動いているのは副会長の女性が多かったため、**平日昼間に集まり、男性は私のみ**が多かったです。

副会長のうち**男性だけ「（仕事があるから）出てこなくてもOK」**になってるので、モヤモヤしてます（苦笑）。私もフルタイムで働いてます。

すけさん

斉藤恵子さん

イベントのときなど、**役員と一般会員との間の壁**を感じます。「役員は好きでやってるから」とか「役員だけで盛りあがってる」って声を聞いたときは、寂しかった。

いまPTAでは、このように多くの問題が起こっています。ドンヨリしたかもしれませんが、だいじょうぶ、これがすべてではありません。このあと、新しい取り組みで「楽しいPTA」を実現した例を紹介します。

Interview1

「役員会、楽しいんだって!?」と前任者に悔しがられました

山本浩資《やまもとこうすけ》さん／東京都大田区立嶺町《みねまち》小学校PTA会長

時代にあったPTAを実現するため、新しい取り組みを進めている、大田区立嶺町小学校PTA会長・山本浩資さんにお話を聞かせてもらいました。嶺町小では、PTAを「楽しむ学校応援団」と呼び、〝やらされ感〟の少ないかたちでの活動をめざしています。

Q　どんなことを変えてきましたか？

会長になって２年目ですが、まず改革の第一歩として、今年度は**会議数を３割減らし**、平日夕方におこなっていたPTA役員と先生の**歓送迎会をやめ**、各クラスから選ぶ**委員の人数を減らしました**。お金の部分を透明にするため、**会計業務も徹底的に見直しました。**

さらに来年度からは、「お試し期間」として**６つある委員会を廃止し**、手を挙げた人が参加する**ボランティアのかたちで活動をスタート**します。

役員会（本部）は、いろんな活動のコーディネーターとしての役割を担うので「ボラセン（ボランティア・センター）」という呼び方に変えます。

これまで委員会でやってきた活動のうち、地域と連携する活動や、安全・防災にかかわる活動、リサイクルなどで資金をつくる活動については、それぞれ「校外活動部」「安全防災部」「夢マネー部」として引き継ぐ予定です。

「部」としたのは、そのほうが、やりたい人がどんどん参加できると思ったから。中学や高校の部活って、絶対入らなきゃいけないものではないし、入部や退部、転部も自由じゃないですか。「いきなり入部するのはちょっと」という人は、仮入部みたいなかたちで「サポーター登録」もできるようにします。

会費も、3分の2に下げます。いまは1年で3600円ですが、広報紙の外注を廃止したり、記念品の内容を見直したりして、2400円に減額することにしました。

Q 変えようと思ったきっかけはありますか?

ずっとPTA活動って参加したことがなかったんですが、2年前に会長になってみたら、**「なんでこんなことやってんのかな!?」って思うことの連続**だったんです。

それで「変えよう」って言ったんですけど、役員会のみんなは、「へ?　それは、こうやるのが当たりまえです」みたいな反応で、なかなか賛同を得られませんでした。

ぼくは、みんな（一般会員）がPTA活動をどう思っているか知りたかったので、まずは**「アンケート調査をやろう」**と提案したんですが、これも最初はあっさり却下（笑）。でも、めげずに説得を続けて、**なんとか実施してみたら、それからは役員会もガラッと変わったん**です。ぼくたちが知らなかったことが、見えてきたから。

アンケートをとるまでは、てっきり、保護者は専業主婦の人が多いと思っていたんですが、実際はフルタイム、パート、専業主婦の人が、ほぼ同割合。**「活動に都合が悪い時間帯」も、みごとにバラバラ**でした。（▶14ページ）

「これじゃ、いままでどおり平日昼間に全部やろうっていうのは無理だよね」という認識が役員のなかで共有されました。

それまでは古いPTAのイメージにしばられがちだった役員さんも、**アンケートのあとは、すごく積極的に変わりました**ね。

それからは、楽しかったです。ぼくたち役員の意識も変わったし、いろんなアイデアが出てくる。みんなで「こういうこともできるよね、ああいうこともできるよね」って盛りあがりました。

ぼくはリーダーなので、根回しをしなきゃいけなかったり、いろいろありますけど、でも楽しいです。

役員の人たちも、楽しいんですよ。おたがいが自然にサポートしあっているから、無理をせずに、やれています。

このまえ、以前役員をやっていた人から「いまの役員会、楽しいんだって⁉　なんか悔しい！」と言われました（笑）。

Q　ほかの会員の反応は、どうですか？

最初にアンケートをやったとき、**回収率が約96%**だったんですが、これってすごい数字なんです。ふだん学校がアンケートをとっても、よくて60～70%の回収率ですから。

なかには「よくぞ聞いてくれた！」と言って、A4一枚、わざわざ別の紙に意見を書いて出してくれた人もいました。「いままでPTA活動のなかで抱えてきた不満や不安を、やっと聞いてもらえる」っていう気持ちだったんでしょうね。それが、この96%という数字だったと思うんです。

今年度の春に、〝逃走中〟（鬼ごっこの一種）の親子イベントをやったときは、わずか**1か月の準備期間で、180人もボランティアが集まりました**（家庭数は全部で560）。

子どもが参加する親には、メールで細かい仕事のリストが送られるんです。最初は反応が薄かったんですが、だんだん「ここが足りないなら、私が行くわ」というふうになっていきました。要は、**子どもが楽しみにしていて、親が「それならやってみよう」と思えば、人は集まる**んですね。

校長先生や副校長先生も、すごく好意的、協力的です。

一般の先生たちにもアンケートをとったんですが、それからは、先生たちも変わってきました。わざわざ記名して「こういう活動に参加してみたい」って書いてくれた先生も4〜5人いました。最近は「アレ（山本さんがおこなったPTA説明会の動画）、観たよ！」って応援してくれる先生もいます。

Q これからめざすものは?

ボランティア・マインドをもった保護者が増えればいいな、と思っています。そんな親の背中を見ながら子どもたちが育っていって、将来的には、この小学校区が、日本一ボランティア精神にとんだ町になればいいな、と。

そのためにも、もっと子どもを巻き込んでいきたいです。

PTAのことを、子どもたちにももっと知ってもらって、「なんでうちのお父さんやお母さんは学校に来ないの？　みんな楽しそうにやってるよ！　来てよ！」と言わせるくらいにしたい。いまの子どもって、親が学校に来ると喜ぶんですよね。

子どもをほったらかして活動するのではなく、親と子がいっしょに参加できる活動にしていきたいという思いもあります。

アンケートで「どんな活動に参加したいですか？」って聞いたら、「親子で参加するもの」って答えがとても多かったので。会議なんかも、子ども連れOKでやっています。

お話をうかがって

アンケートをとったことが、嶺町小PTAにとっては、大きな転換点になったようです。「それからは楽しかったです」と話す山本さんは、とてもすっきりとしたようすでした。

嶺町小PTAの詳しい活動経緯については、ブログ「楽しむ学校応援団　嶺町小ＰＴＡのページ」に掲載されています。
http://blog.goo.ne.jp/minemati-pta

山本さんのPTA改革を支えた言葉

イノベーションを行う組織は、昨日を守るために時間と資源を使わない。昨日を捨ててこそ、資源、特に人材という貴重な資源を新しいもののために解放できる。

——ピーター・ドラッカー（上田惇生訳）

嶺町小PTA作成資料

勝手に自由研究
【世界のPTA～目指せ！世界標準】

毎月１回PAC(PTA)ミーティングがあり、会長から全家庭に一斉送信のメールでお知らせがくる。ミーティングも活動も、参加できる人が参加する。ボランティア活動に熱心な方はキリスト教徒が多く、決まった人たちで運営しているよう。(カナダ)

学年始めにお手伝いできる人は登録しておく。必要なときにメールで募集がかかる。(ベルギー)

委員会のようなものはなく、学校主催の行事に対してできるときにできる人がお手伝いをする。手紙やメールで必要に応じて募集がかかる。(オランダ)

行事ごとにChairs(取り仕切る人)を決め、その他の人はできる行事の時に学校の入り口にある掲示板を見て申し込みをする。規則として１年に１回参加する。(アメリカ　ニューヨーク州)

手紙やメールで必要に応じて募集がかかる。積極的にボランティアとして参加する。(オーストラリア)

学年始めに１年間のボランティアリストが学校の掲示板に貼り出され、保護者はやりたいボランティアに登録する。決まった行事がほとんどなので参加しやすい。(アメリカ　ニュージャージー州)

Board member(役員会にあたる)を中心に保護者全員がボランティアとして参加する。募集内容はメールや手紙で、その都度お知らせされる。募集状況はインターネットでも閲覧できる。年度末に必ず保護者全員へのアンケート調査が一斉に行われ、イベントを今後も継続していくべきか、またその順位付けをする。(アメリカ　カリフォルニア州)

へぇ～その①

各国、嶺小の学級代表にあたるのは「Class Mother」っていうんだって。担任の先生の推薦で選ばれたり、なり手がいなければ先生が務めることもあるんだって。どちらにしても先生大変っ。

へぇ～その②

ベルギーの小学校では「ムール貝レストラン」という行事があるんだって。ベルギー ＝ ムール貝 ＝ ビール･･･それ、お手伝いします！

へぇ～その③

クラスの懇親会では、近所のカフェから無料で１日期限切れのスイーツやコーヒーをもらってるんだって。親同士も顔を合わせることにより、子供たちの安全を守れるという意識のようです。

へぇ～その④

夜に保護者全員(両親)出席の保護者会があるんだって。近所の高校生にシッター(子守)をお願いし宿題をやり、夕飯を食べ、親の帰りを待つという、お泊まり会さながらのお楽しみイベントになるんだって。

嶺町小PTAの役員たちが、海外生活の経験がある知りあいに取材し作成した資料を再構成したものです。

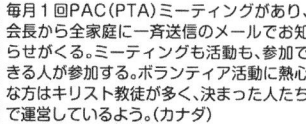

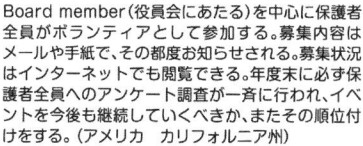

PTAって、なんのために あるんだっけ？

**「いまの姿」をアタマから追いだし、
本来の目的がなんだったのかを
話しあってみましょう。**

「子どもたちのため」に、なにをするのか

PTAは、**子どもたちが育つ環境をよりよくするため、保護者が学校や地域と協力して活動するもの**ですが、その目的はしばしば忘れられ、いつのまにか「例年どおり」に活動を継続することや、公平に仕事を分担することなどが目的となってしまいがちです。

まずはいまいちど、**PTAの本来の目的をみんなで確認・共有する**ことから始めてはいかがでしょうか。

「どのような活動が〝子どもたちのため〟になるか」ということも、役員を中心に話しあっておくとよいでしょう。

たとえば、PTA内のサークル活動は一見、「保護者のため」の活動ですが、学校に保護者が楽しく集まることが「子どもたちのため」につながるとも考えられ、意見が分かれるかもしれません。

そのときの中心メンバーで、**あるていどの共通認識**をもっておくと、その後の活動がしやすくなります。

川島高之さん

PTAがあるのは、**家庭と学校と地域の潤滑油となるためです。**子どもの教育のためには〝家庭・学校・地域〟が三位一体となるべきですが、対立構造や責務の押しつけあいが、しばしば見られるので。

八武崎秀紀さん

「先生と学校と保護者が中心になって子どもを守る」っていうのが、PTAの大前提だと思います。そのために保護者が学校に顔を出し、子どもたちのようすを見られて、先生とコミュニケーションをとれて、保護者同士も仲良くなれるようにする。その**目的を達成できれば、やり方はなんでもいいんです。**

【アンケート】PTAが果たしている役割で重要だと思うもの

NPO法人 教育支援協会による全国の元&現役PTA会員向けアンケート（◯204ページ）より

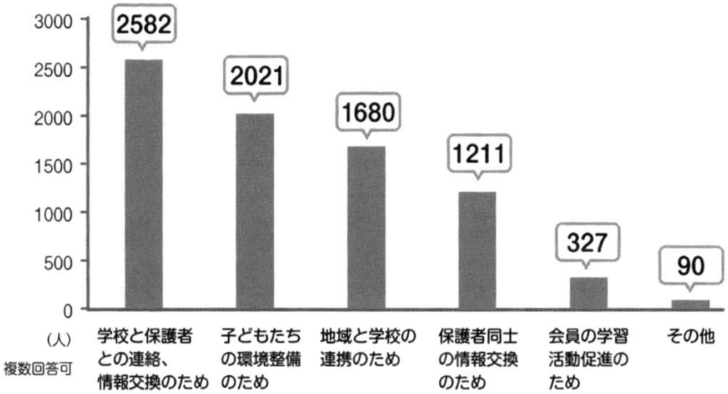

PTA が果たす役割はいろいろありますが、「学校と保護者の連絡、情報交換のため」「子どもたちの環境整備のため」などを、とくに重要と考える人が多いようです。委員の経験回数が増えるほど「保護者同士の情報交換」という回答が増えるのは、「やってみたら、そのありがたさを実感した」ということでしょう。

行事や活動、そのまま続ける？

**イベント自体に人が集まらない、
担当する人の負担が大きすぎる、
そんな活動になっていませんか？**

いまの保護者の状況にあわせて考える

不要な活動を極力減らすべく、**これまでPTAがおこなってきた行事や活動を、一つひとつ見直してみましょう。**

もし、いつも人が集まらなくて苦労する活動や、担当者の負担が大きすぎるイベントがあれば、やり方を変えることや、場合によっては「やめる」ことも、検討してはどうでしょうか。

むかしから続けられてきたことを、自分たちの代で変えたり、やめたりすることには、不安を感じるかもしれません。

ですが、保護者の状況は、むかしとは大きく異なっています。**PTAの活動内容も、時代にあわせて刷新していくのが自然です。**

「子どもたちのため」というPTAの本来の目的を思いだしながら、なにを継続し、なにを変え、なにをやめるべきか、みんなであらためて考えてみましょう。

【アンケート】PTAが活性化するために必要な取り組み

NPO法人 教育支援協会による全国の元&現役PTA 会員向けアンケート（➡204ページ）より

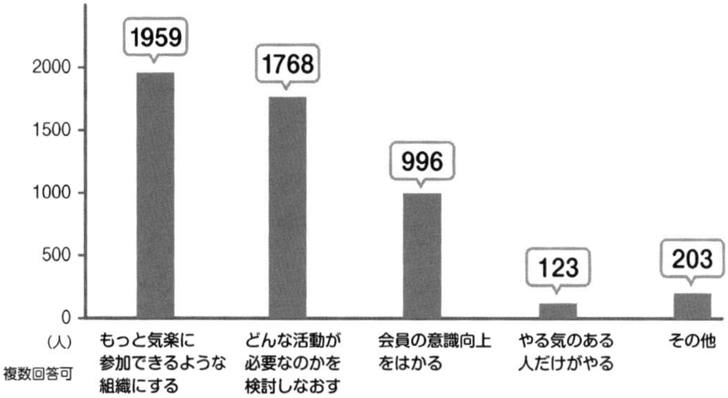

PTAを活性化させるためには「もっと気楽に参加できるようにする」「どんな活動が必要かを検討しなおす」ことが必要だと考える人が多いようです。なお、委員の経験回数が多い人ほど「会員の意識向上をはかる」という回答が増えていました。

行事や活動をなくしたり変えたりした例

★ 夏祭りのパトロールの人数を減らした（Kさん）

★ 実行委員会（運営委員会）の回数を減らした。
毎月やっていたが、議題が少ない月は、やめにした
（友口乃莉子さん）

★ 委員会を減らした（ミノダさん）

★ 謝恩会をなくした（三好さん）

★ 謝恩会がなかったので復活させた（小池信一朗さん）

★ 視察研修（慰安旅行のようなもの）と、新年会をなくした
（荻原聡彦さん）

みんなの意見=「アンケート」の威力

できるだけ多くの会員の意見を反映できるよう、**アンケートをおこなうことも、おススメ**です。

これまで続けてきた行事や活動について、それぞれどのように変えるべきか、あるいは続けるべきか・やめるべきかをたずね、結果をもとに話しあいをおこなえば、意見がまとまりやすいでしょう。

PTA活動に関する意識調査（アンケート）

大田区立嶺町小学校PTA（22ページ）アンケートより一部抜粋

Q ○○委員会の活動内容をご存知ですか
→（1 委員経験があり知っている　2 お手伝いなどで参加して知っている
3 ある程度は知っている　4 名前だけは聞いたことがある　5 知らない）

Q 経験したすべての委員会について、感想を教えてください（複数回答可）
→（1 充実していた　2 楽しい面もあった　3 ふつう　4 活動を負担に感じた
5 二度とやりたくない）

Q 運営委員会の議事録を読んでいますか
→（1 よく読んでいる　2 読んでいる　3 たまに読む　4 読まない
5 手元に届かない）

Q 会計資料のわかりやすさはいかがですか
→（1 わかりやすい　2 わかりづらい　3 あまり興味がない）

Q 前の設問で「2 わかりづらい」と答えた人は、その理由を教えてください
→（1 項目の意味がわからない　2 表が見づらい　3 一般的な収支報告と異なる
4 その他）

Q PTA活動を活性化させるには、どんな行事が増えたらいいと思いますか
→（1 親のみの参加行事　2 親子での参加行事　3 地域との行事
4 教職員との行事　5 その他）

行事に関するアンケート例

岡山市立西小学校PTA（○176ページ）アンケート（2013年度）より一部抜粋

Q1　今年度、ＰＴＡでは以下の行事を行いました。来年度以降も継続するべきだと思いますか？　①から③のいずれかに○をつけてください。また、お子さんが参加したいと思う行事に○をつけてください。

	①継続する	②取り止める	③どちらでもよい	お子さんが参加したい行事
西小フェスティバル（10月土曜日）				
開放プール（7月平日5日間）				
クリーン作戦（8月土曜日）				
土曜日学級（年10回程度、もちつき含む）				
土曜日学級運営委員会主催行事				
エプロン補修				
ベルマーク				
運動会自転車整理（5月土曜日）				
講演会（参観日）				
うさぎメール				

選択した理由や新規にしたい行事の提案などがあればご記入ください。

（　　　　　　　　　　　　　　　　　　　　　　　　　　　　　　）

Q2　今年度行った行事を来年度も行うとして、あなたは以下の立場で参加しようと思いますか？　思うものに○をつけてください。あなた以外の保護者の参加でもかまいません。

	準備スタッフとして参加	当日スタッフとして参加
西小フェスティバル（10月土曜日）		
運動会自転車整理（5月土曜日）		
開放プール（7月平日）		
クリーン作戦（8月土曜日）		
エプロン補修		
ＰＴＡ新聞などの広報		
講演会・研修会（参観日他）		
ベルマーク		
土曜日学級（年10回程度、もちつき含む）		

多くの方が参加するための提案などがあればご記入ください。

（　　　　　　　　　　　　　　　　　　　　　　　　　　　　　　）

Q3　ＰＴＡでは以下の記念品を配っています。続けたほうがよいと思うものに○をつけてください。

（　）入学式・・・胸花、防犯ブザー、自転車ステッカー　※品物は変更することがあります

（　）運動会・・・マイネーム　　（　）卒業式・・・胸花、証書入れ

「時間」と「場所」が問題だった！

悩みや不和を生みだすのは、
集まる曜日と時間では？
一部の人だけに負担をかけない方法は？

先に時間を決めてから参加者を募集

むかしとちがって、いまは共稼ぎの家庭が多いので、平日日中よりも、平日の夜や土日のほうが集まりやすいという人も、かなり増えています。

より多くの人がPTA活動にかかわれるようにするためには、活動の時間帯（曜日）を見直す必要があります。

まずは、委員会や本部など、いっしょに活動をおこなうメンバーごとに話しあい、「できるだけ多くの人が参加できる時間帯」を見つけましょう。

もし、一部の人だけ都合があわない場合は、その人にばかり負担がかからないよう、たまには時間帯を変えてもいいですし、その人には無理のない範囲で参加してもらうことにしてもよいでしょう。

いちばんよいのは、「**この活動はおもに○曜日の○～○時にやります」と時間帯を決めたうえで、参加者を募集すること**です。これなら、あとで調整をおこなう必要がありません。

取材したなかでは、運営委員会など、先生たちを含めた集まりは平日夕方に、保護者だけの集まりは、平日夜か土曜日の午前中におこなう、というところが、比較的多いようでした。

夜や休日に集まる場合は、子ども連れでも参加できるよう、くふうしたいところです。

てぃーこさん

夜の会議のあいだは〝読み聞かせボランティア〟の人に協力してもらい、子どもたちをみてもらいました。

学校でなくてもPTA活動はできる

夜や休日に集まる際は、近所のファミレスやマンションの集会室など、**学校以外の場所を使う**というPTAが、最近は多いようです。

学校では、勤務時間外に鍵の管理をしてもらわなければならないので、担当の先生に負担がかかるからです。

ただし、周囲に集まりに適した場所がないときは、やはり学校でやるしかありません。担当の先生にはお気の毒ですが、協力してもらいましょう。できるだけ、戸締まりを管理しやすい部屋（職員室の近くなど）を使わせてもらうよう、相談してもいいかもしれません。

多くの人が参加できる時間帯を見つけるための質問サンプル

「以下のなかから、参加しやすい時間帯すべてに挙手して（丸をつけて）ください」（複数回答アリ）

・平日日中（午前中～下校まで）
・平日夕方（下校～19 時ころ）
・平日夜（19～21 時ころ）
・土曜午前中
・土曜午後～夕方（13～19 時ころ）
・土曜夜（19～21 時ころ）
・日曜午前中
・日曜午後～夕方（13～19 時ころ）
・日曜夜（19～21 時ころ）

友口乃莉子さん

委員全員に「いつが集まりやすい?」って聞いて、OKのところに全部（複数回答で）**手を挙げてもらい、いちばん多かった〝土曜の午前中〟に集まることにしました。**

個別の会合などの具体的な日程調整に関するくふうは、➡86ページで紹介しています。

「委員会」って必要ですか？

委員会をなくして、
希望者が手を挙げるボランティア式で
仕事をまわすPTAも増えています。

ボランティア式にして、「役員決め」を不要に

嶺町小学校PTA（➡22ページ）のように、**委員会制をやめてボランティア式（自主的な活動）に切り替える**PTAが、最近は増えています。

たとえば、それまで校外委員がやっていた仕事を、「朝の見守り担当」「下校時の見守り担当」「地域の人への連絡担当」などに分けてボランティアを募集し、委員会は廃止するのです。

このようにすると、**やりたい人がやるために、義務のムードが薄れ、楽しんで活動しやすく**なります。さらに、毎春恒例の「役員（委員）決め」が不要になるため、先生たちにも喜ばれます。

委員会制でうまくいっていれば必要ありませんが、もし委員決めが修羅場化したり、学級数が多くて委員があまったりするような場合には、このようなかたちも検討してはどうでしょうか。

年間で2割くらいの人が、ボランティアで活動に参加してくれています。家庭数が約980世帯という大きな学校なので、2割といっても、けっこうな人数です。

彌《や》重《しげ》幹《みき》昌《まさ》さん
西小PTA会長

他人から「やれ」って言われたことじゃないから、多少めんどうなことでも、みんな楽しみながらやってくれるんですよね。昨年度はベ**ルマーク活動で全国3位**になったんですが、それも、**やりたい人にやってもらっているから出た結果**だと思います。

岡山市立西小学校PTAの組織図（2013年度）

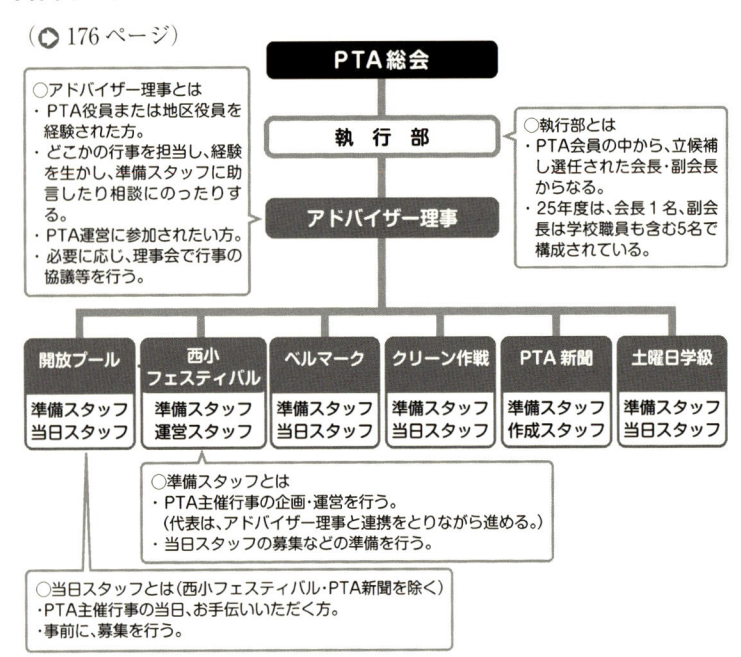

（▶176ページ）

PTA総会

執　行　部

○執行部とは
・PTA会員の中から、立候補し選任された会長・副会長からなる。
・25年度は、会長１名、副会長は学校職員も含む5名で構成されている。

アドバイザー理事

○アドバイザー理事とは
・PTA役員または地区役員を経験された方。
・どこかの行事を担当し、経験を生かし、準備スタッフに助言したり相談にのったりする。
・PTA運営に参加されたい方。
・必要に応じ、理事会で行事の協議等を行う。

開放プール	西小フェスティバル	ベルマーク	クリーン作戦	PTA 新聞	土曜日学級
準備スタッフ	準備スタッフ	準備スタッフ	準備スタッフ	準備スタッフ	準備スタッフ
当日スタッフ	運営スタッフ	当日スタッフ	当日スタッフ	作成スタッフ	当日スタッフ

○準備スタッフとは
・PTA主催行事の企画・運営を行う。
（代表は、アドバイザー理事と連携をとりながら進める。）
・当日スタッフの募集などの準備を行う。

○当日スタッフとは（西小フェスティバル・PTA新聞を除く）
・PTA主催行事の当日、お手伝いいただく方。
・事前に、募集を行う。

「一人一役」で参加しやすくする方法も

ボランティア式にする場合、一部の人に負担がかたよって不公平感が高まらないように、「一人一役」をルール化しておく、というやり方もあります。

義務を課される印象はありますが、委員会の仕事にくらべれば負担はずっと軽いので、あまり抵抗なく参加できる人が多いようです。

また、みんなが「**ちょっとでも活動に参加するので、後ろめたさがなくなる**」というメリットも聞かれます。

「一人一役」にする場合は、どうしても参加できない人に対して、**活動を強制することがないよう注意**しましょう。「当日なぜか現れなかった人」を、あとで責めないこともお約束です。

なお、「一人一役」を始める際は、だれになにをしてもらうか、全会員に仕事をわりふる作業が発生します。だれがその仕事を担当するか、役員のあいだで、あらかじめ相談しておくとよいでしょう。

うちの学校は児童数（家庭数）がかなり少ないので、ボランティア制にすると仕事がまわらないかもと思い、「一人一役」で、みんなに仕事をわりふりました。

吉村さん

Interview2

「委員会がないって、いいな!」って思ったんです

八《や》武《ぶ》崎《さき》秀《ひで》紀《のり》さん／東京都江戸川区立松江小学校PTA元会長

8年前、委員会制をやめてボランティア式に切り替えた、江戸川区立松江小学校PTA元会長の八武崎秀紀さんにお話を聞かせてもらいました。

八武崎さんの取り組みが全国紙などで紹介されたことから、これを真似てボランティア式に切り替えるPTAが増えたようですが、当時はまだ少なかったはずです。この取り組みで、松江小PTAはどのように変わったのでしょうか。

Q どうしてこのかたちを思いついたんですか?

同じ区内に新しくできた小学校で、「PTAがなかなか立ち上がらないから、**委員会をつくらないまま、校長先生がボランティアを集めて活動している**ところがある」っていう話を聞いたんです。それで「うちら、逆に（委員会を）なくせるかな？」って思いついた。

そのときは、ただ「委員会がないって、いいな！」って思ったんです（笑）。委員会って「入ると1年間拘束される」っていうイメージが強くて、なり手がいないでしょう。**「やってダメなら戻しましょう」っていうことで、始めてみました。**

１年目は、希望者が参加するかたちのボランティアだけでしたが、２年目からは、全員が登録するかたちのボランティア（一人一役）もつくりました。いまはまた、少しやり方が変わっているようです。

Q どんな反応がありましたか？

批判もあるかな、と思ったんですが、アンケートをとったところ、ほとんどの人がこのやり方に賛成してくれました。「委員会制だったときは、６年間一度も委員をやらなかったらなにか言われるんじゃないかってびくびくしていたけれど、いまはちょっとでも仕事をしているから、後ろめたくなくなった」っていうんです。「**６年間に６回やった！って言えて気持ちいい**」とかね。

役員のお母さんたちからは、さんざん「（とりまとめが）大変だ」って言われました（笑）。ほんとうに大変だったと思うんですが、でもみなさん、すごく前向きな方ばかりだったから、それ以上の文句は出ませんでした。

集まりのときはかならず、甘くておいしいおやつをいっぱいもっていきましたよ（笑）。たまには食事会なんかも企画してね。

先生方も、はじめはとまどったと思います。「あって当たりまえ」と思っていた委員会が、ないんですから。

だから、４月の保護者会のときに、**役員が各教室をまわって、先生と保護者に説明**をしました。組織図を書いた模造紙を広げて、「こういうものですよ」って。しばらくしたら、慣れてくれたと思います。

Q 気をつけた点はありますか?

「どうしても活動に出られない人を批判しない」っていうことは、暗黙の了解にしていました。PTA の仕事を、強制的にさせることはできないですから。

なるべく無理なくできるような仕事も用意しました。運動会を見にきたとき、自分の子どもの競技以外の時間に見回りをしてもらうとか。

お教室をやっているお母さんには、家でできる仕事をお願いしていました。「これ、○○さんがパソコンでつくってくれたんだよ、すごいね!」とか、みんなで感謝しながらね。

Q どんなことを心がけていましたか?

「うまくいかなきゃ、やめればいい」ってことです。文句が出たり、混乱したりしたら、すぐ戻しちゃおうって思ってました(笑)。

会社じゃないんだから、むずかしく考えなくていいんですよ。**PTA は、もっと軽く、楽しく、やりやすく考えたほうがいい。**

始めるときは、役員のみんなに「3年はがんばりましょう!」って言いましたけど、みんな3年で、ちょうど卒業だった(笑)。

もうひとつは、**目的と意義をしっかりさせておくこと**です。うちの場合は、「保護者同士が情報交換できて、学校に来て子どもたちのようすを見られて、先生ともコミュニケーションをとれて、先生と学校と保護者が中心になって子どもを守る」っていうことです。

そこがはっきりしていれば、手法はなんでもいいんです。

手法を議論しているうちに、目的を忘れちゃうことってありがちですよね。だいたい、大人の都合（笑）の議論になってくる。だから、目的のところは、つねに言い続けました。

あとは、**地域の重鎮をうまく巻きこむこと**。いまの町内会長たちは、ちょうどぼくの親父の世代で、ぼくは小さいころからよく知ってる人ばかりだから、わりといろいろ言いやすいんです。

「○○さんが協力してくれると、もう、みんな助かっちゃうなぁ！」とか言うと、「やるか！」みたいになるんですよ（笑）。終わったあとにちゃんとお礼を言っておけば、来年もまたやってくださる。そうやって、うまく協力してもらうんです。

お話をうかがって

いまでこそ委員会をなくすPTAは増えてきたものの、当時はずいぶんと勇気がいることだったのでは？　と想像していましたが、八武崎さんはいたって飄々《ひょうひょう》と、それをやってのけたようです。「やってダメなら戻せばいいの」という八武崎さんの言葉に、目からウロコの落ちる思いの人は、多いんじゃないでしょうか。

「PTA」じゃなくっても、いいんじゃない？

いままでのかたちでなくても、
「子どものための活動」はできるはず！
いろんな実例をご紹介します。

会員を「保護者と先生」にこだわらない

会員が「P（保護者）」と「T（教師）」であることにこだわる必要も、ありません。

実際のところ、ほとんどの先生や職員の人たちは、会費を払うだけで、活動にはほぼかかわっていないので、「PTA」の「T」をはずして「**PA（parents association）＝保護者の会」に変更した、**という例もあります。新設校では、最初から「PTA」ではなく「保護者の会」をつくる場合もあるようです。

保護者以外の地域の人も「賛助会員」などのかたちで加入できるPTAもあります。子どもはいない、あるいはすでに卒業したけれど、学校に協力したいという人もいるので、そういった人の力を借りられるよう、**会員枠を広げるのもアリ**でしょう。

なお、活動を呼びかける際は、祖父母も参加しやすいよう、ひと言添えたいところです。孫のためにひと肌ぬぎたいシルバー世代は多いので、声をかけたら、喜んで協力してくれるかもしれません。

PTAの名称を変える

「PTA」と聞くと、どうしてもこれまでのおカタい印象がありますが、新しい呼び名をつけることで、楽しいイメージに変えることもできます。

自分たちがめざすものを表現するネーミングを、みんなで考えてみるのもよいでしょう。

たとえば、京都府木津川市立加茂小学校PTAでは、みんながボランティアに参加しやすくなるように、〝P-tach（ピータッチ）〟という名称をつけて活動を始めたところ、だんだんと「気軽に参加してみよう」という雰囲気に変わってきたということです。（▶204ページ『PTA実践事例集（26）』より）

山本浩資さん

PTAを〝PTO（学校応援団）〟という呼び名に変えました。**PTOの〝O〟は応援団の〝オー〟で、ぼくは会長ではなく〝団長〟（笑）。** 本部は、ボランティアをやりたい人のニーズと、こういうボランティアが必要だと思う人のニーズをマッチングさせる役割を担うので、〝ボラセン（ボランティア・センター）〟と呼びます。

ボランティアを募集するときは「おばあちゃんおじいちゃんも歓迎!」と添えて、**祖父母も参加OK**にしてます。

Jさん

変えるときのコツ・10か条

これまでのPTAのやり方を
うまく変えられた人の経験に共通している
ポイントをまとめました。

コツ1　PTAの本来の目的を確認する

「子どもたちが育つ環境をよりよくする」という PTA 本来の目的をみんなで確認・共有することで、**「例年どおり」に引きずられた無駄な活動をなくしやすくなります。**

目的がはっきりすれば、いまの PTA のなにを変えるべきか、どんな手段が可能か、といったことが、おのずと見えてきます。

川島高之さん

目的がちゃんと共有できていれば、無駄な活動って、自然と減っていくんですよ。「あれとそれをやめて、これをやろうか」っていうふうに、**いらない活動が減って、そのかわりに、意味のある、やりたくなるような活動が出てくるんです。**

八武崎秀紀さん

目的と意義がはっきりしていれば、手法はなんでもいいんです。ぼくは手法としてボランティア式を選んだけれど、手法として委員会制があってもいいし、手法としてPTAをなくすっていうのもあるかもしれない（笑）。

コツ2 問題点を共有しておく

いまのPTAのなにが問題か、みんなで認識を共有しておくと、話が進みやすくなります。まずは、現状のどんな点に負担や問題を感じているか、話しあって確認しておきましょう。**いっしょに動いてくれる人を見つけることが、改革の第一歩**です。

楢木祐司さん

いまのやり方になにか問題がある、という認識があるていど浸透していないと、変えにくいでしょうね。みんなは「うまくいっている」と思っているのに、自分だけ「変えよう!」って突っ走っても、だれもついてこられませんから。

コツ3 あるていど観察してから

現状のやり方をあるていど観察して、問題を改善するためには、**なにから始めればよいか見当をつけておく**ことも大切です。

ただやみくもに動いても空回りしやすく、周囲から浮いてしまうキケンもあります。

川島高之さん

副会長だった最初の1年間は、ほかの役員さんたちのようすを観察していました。**なにも知らないでワーワー言いだしたら、はぶっちょにされちゃいます**から(笑)。「この問題は、ここをこうすればよくなるな」とアタリをつけたうえで会長になったので、そのあとはスムーズでした。

コツ4 先に完成図を見せる

やり方を変えた場合に、実際どんな活動になるのかイメージできないと、こわくなってしまう人もいるものです。

なるべく**具体的な完成図を先に示しておく**と、みんなの不安や抵抗がやわらぎ、協力を得やすくなります。

上田隆樹さん

「1年後にはこうしたい、そのときPTAはこんなふうになります」っていうことを、**仮の組織図や規約を用意して説明**したら、だんだん協力してもらえるようになりました。

コツ5 気楽にトライする

「気負わない」というのも、大きなポイントです。いざ変えようと思っても、歴代の会長や役員の顔がアタマに浮かぶと足がすくみますが、意外と**軽い気持ちで取り組んだほうが、あっさり変えられる**こともあります。

「やってダメだったら、どうしよう?」とか思うから、むずかしくなるんです。**「やってダメなら戻しましょう」**って考えればいい。会社だったら失敗すると倒産しちゃうから、そうはいかないけど(笑)、**PTAはもっと気楽でいいんですよ。**

八武崎秀紀さん

コツ6　陰口はとりあわない

陰で文句を言う人は、いつの時代にも、どこにでもいるものです。いちいち気にしていたらなにもできなくなってしまうので、**スルーするのが基本**です。

やるべきことをやっていれば、なにも気にする必要はありません。

彌重幹昌さん

直接言ってくることしかとりあわないっていうのも、だいじです。陰でいろいろ言う人はいるかもしれませんが、気にしていたらきりがありませんから。疑問があるなら、総会のときにマイクをとおして言っていただいて、こちらはそのときにお答えすればいいんです。

コツ7　めげない

〝やりぬく意志〟も肝要です。PTAを変えるのは、自分たち（いまの保護者）のためだけではなく、**子どもたちや、これから入ってくる保護者のため**でもあります。めげずに取り組みましょう。

おかしいと思ったことを変えるのは、簡単にあきらめちゃダメ。将来の人たちのためにも、ぼくには責任があると思うんで、めげずにやりました。

山本浩資さん

コツ8　過去の否定ではないことを伝える

これまでPTA活動に打ち込んできた人は、「やり方を変えます」と告げられると、感情的に反対することがあります。「自分がやってきたことを否定された」と受けとってしまうようです。

話をする際は、これまでの活動にも敬意を示し、**けっして過去の活動を否定する意図ではなく、時代にあったやり方を見つけるため**であることを、ていねいに伝える必要があります。

コツ9　まずは、やってみる

「本当にできるの？　失敗したら責任とれる？」など、いろいろ言ってくる人は多いものですが、**実際にやってみせれば、納得してくれます。**トライアル期間をもうけるのも、突破口になります。

山本浩資さん

まずは「お試し期間」として、新しいやり方を導入することにしました。「うまくいかなかったらどうするの？」と心配する人も、やってみればわかると思うので。

突き抜けてやってしまえば、まわりはなにも言わなくなります。それが本来あるべき姿なんですから。うまくいかなかったケースはみんな、それ以前の段階でいろいろ言われて、あきらめちゃっているんです。

上田隆樹さん

コツ10　無理のない範囲で変える

「できる範囲で変える」というユルさも、ときには必要です。

これまでのやり方を変えるというのは、やはり簡単なことではありません。時間も労力もかかるし、まわりの人の同意や協力も欠かせません。

目標を高く設定しすぎると、「結局はなにも変えられなかった……」ということにもなりかねません。状況によっては「**少しでも改善できればヨシ！**」と考えましょう。それでも十分です。

PTAを変えるときの10か条

- コツ1　PTAの本来の目的を確認する
- コツ2　問題点を共有しておく
- コツ3　あるていど観察してから
- コツ4　先に完成図を見せる
- コツ5　気楽にトライする
- コツ6　陰口はとりあわない
- コツ7　めげない
- コツ8　過去の否定ではないことを伝える
- コツ9　まずは、やってみる
- コツ10　無理のない範囲で変える

Interview3

「学校とちゃんとかかわらなきゃ」と思い、役員を引き受けました

友口《ともくち》乃《の》莉《り》子《こ》さん／東京都内公立小学校PTA副会長

３人のお子さんが、それぞれ東京都の区立小学校、都立中学校、私立高校に通っている、友口乃莉子さんにお話を聞かせてもらいました。複数の学校でPTA活動を経験してきた友口さんは、PTA活動をどのように見ているのでしょうか。

Q　小学校のPTAでは、どんな活動をしてきたんですか？

はじめて広報委員になったとき、最初は集まるのが平日の昼間ばかりだったので、私は有給をとって参加していました。その後、**委員長になってみたら、集まる時間を好きに仕切れるようになって、意外とやりやすかった**です。

執行部（本部役員）を引き受けたのは、子どものクラスが荒れて、問題が起きたことがきっかけでした。あるとき、ひとりの男の子が「席替えした席が気に入らない」って文句を言いだし、娘がその子を注意したところ、顔面を殴られちゃったんです。ケガはたいしたことなかったんですけど、娘もショックを受けていて……。

そのとき、「学校とちゃんとかかわらなきゃ」って思ったんです。それで、執行部を引き受けることにしました。仕事が忙しいぶん、そうでもしないと学校にかかわらないと思ったから。

あと、このあたりは学校選択制なので、下の子が入る小学校を選ぶのに、校長や教頭先生をしっかり見極めておこうって思ったのもありました。

実際、**役員をやっていると、学校でなにかあったときに情報が入る**から、安心できます。

Q 都立中学校や私立高校のPTAは、どんな感じですか？

この中学校は〝自主自律〟がモットーなので、PTA も「自分たちで勝手にどうぞ」という感じです。委員会はクラス委員だけ５人選ぶんですが、受験して入る学校だからか、**親もやる気満々で、すぐにワーッと手が挙がりました。**

私もクラス委員をずっとやっていますが、すごく楽しいです。仕事は、クラスの茶話会、遠足や学校見学ツアー、講演会を企画したり、先生と懇親会をしたり。ようするに「集まりの幹事」ですね。

執行部（本部）はありますが、「○○委員会」みたいなものはありません。**広報紙は、ある学年の有志が勝手につくっていました。**その人たちが卒業したあと、また引き継いだ有志がいて、PTA とは関係なく続いてますね。

上の子が通っている私立高校の PTA も、好きな人がやる感じです。広報委員もやりたい人が手を挙げてやっていて、かなり本格的な広報紙を出しています。ホームページも凝ったのをつくってますよ。

どちらの学校のPTAも、**やりたい人がやっているので、〝やらされ感〟がなくて、みんな楽しそうですね。**

Q くらべてみて、小学校のPTAはどうですか?

「図書ボランティア」っていう活動は、手を挙げた人がやるものなので、楽しそうかな。図書室の本の整備とか手作業が多いので、おしゃべりしたい人に人気があるのかもしれません。

でも、委員会活動は「6年間でかならず1回はやる」みたいなしばりもあるし、「これは必要なのか？」っていう仕事も多いから、**みんないやいや、消極的にやってます**よね。

時代にあわせて、いらないものはなくしちゃっていいんじゃないかな？　って思うけど、変えるのもエネルギーがいるので、なかなか……。

でも、少しずつやってます。実行委員会（運営委員会）は毎月1回会合があったんですが、議題の少ない月はやめにしました。あとは、なるべくメールなどで情報を共有して、学校に行く回数を減らしています。

いまのPTA会長さんは今年新しく入った方で、**いままでのやり方を知らないから、かえって自由に発言できる**んですね。「え、これやんなくていいでしょ？」とかサラッと言ってくれるのがいい（笑）。無駄をなくすなら、いまがチャンスかなって思ってます。

お話をうかがって

どのPTAでも〝やらされ感〟がない活動は楽しそう、という話は納得でした。友口さん自身も、みずから決意して役員を引き受けたので、楽しみながら活動できるのでしょう。

Column

PTAはなくとも、子は育つ?

逆説的ですが、「PTAはなくせる」と思っていたほうが、「PTAを活用しよう」という気になるんじゃないでしょうか。

私たちは〝PTAはあるのが当然〟と思っていますが、じつはそうではありません。新設校のなかには、PTAがつくられないままのところもあります。**PTAがなくても、学校は成立する**のです。

だから、いまあるPTAも、もしみんな「いやいや」でしか活動できないなら、なくしてしまってもよいワケです。

でも、そう考えたら逆に「PTAはやっぱり必要だ」と思うんじゃないでしょうか。子どもたちのためにPTAはあったほうがいい。そう感じる人が、多いと思うのです。

「だれもやりたくないなら、なくせばいい」と思えばこそ、〝やらされ感〟や〝例年どおり〟にしばられて活動することが無意味だとわかるし、楽しんで活動しよう、という気になるんじゃないかな、と思います。

しげちゃんさん

うちの子どもの小学校はPTAがないですが、各クラスごとに学級委員を2名と、地域ごとに通学路の安全に関する仕事をする校外委員さんを決めています。PTAがあるのとどう違うのか私にはわかりませんが、いまのところ、不便に感じたことはないです。

PTA規約を読んでみよう

日本でPTAが生まれたのは、戦後、米国が文部省にPTA組織の導入を指導したことがきっかけでした。

文部省はこれを受けて『父母と先生の会——教育民主化のために』（1947年）という冊子を作成・配布し、この内容に沿って、全国の学校でPTAがつくられました。

右に掲載したのは、当時文部省が作成した、PTAの参考規約（第2次参考規約／1954年）です。

PTAの目的については、このように書かれています。

「第三条　この会は、父母と教員とが協力して、家庭と学校と社会における児童・青少年の幸福な成長をはかることを目的とする」

各PTAの規約は、これを真似てつくられたので、いまでも多くの規約には、同じような文面が残っているようです。

一度、この古い規約と、自分のPTAのいまの規約を、読みくらべてみると面白いかもしれません。

ここには全文を載せられませんでしたが、末尾の「備考」などを読むと、規約をつくった人たちの苦心がよく見えて興味深いです。ネット上に公開されていますので、「PTA」「第2次参考規約」で検索してみてください。

Column

小学校「父母と先生の会」(PTA) 参考規約(抄録)

●第一章 名称および事務所

第一条 この会は、○○小学校父母と先生の会(PTA)という。

第二条 この会は事務所を○○に置く。

●第二章 目的および活動

第三条 この会は、父母と教員とが協力して、家庭と学校と社会における児童・青少年の幸福な成長をはかることを目的とする。

第四条 この会は、前条の目的をとげるために、次の活動をする。

一、よい父母、よい教員となるように努める。

二、家庭と学校との緊密な連絡によって、児童・青少年の生活を補導する。

三、児童・青少年の生活環境をよくする。

四、公教育費を充実することに努める。

五、国際理解に努める。

●第三章 方針

第五条 この会は、教育を本旨とする民主団体として、次の方針に従って活動する。

一、児童・青少年の教育ならびに福祉のために活動する他の団体および機関と協力する。

二、特定の政党や宗教にかたよることなく、またもっぱら営利を目的とするような行為は行わない。

三、この会またはこの会の役員の名で、公私の選挙の候補者を推薦しない。

四、学校の人事その他管理には干渉しない。

●第四章 会員

第六条 この会の会員となることのできる者は、次のとおりである。

一、○○小学校に在籍する児童の父母またはこれに代る者。

二、○○小学校の校長および教員。

三、この会の主旨に賛同する者。

ただし、第三号に該当する者の入会は、運営委員会が決定する。

第七条 この会の会員は、会費を納めるものとする。

会費は、年額○○円とし、分納することができる。

第八条 会員は、すべて平等の義務と権利とを有する。

Column

男性のPTA参加

これまで長いあいだ、「会長以外は女性だけ」というPTAがほとんどでした。最近はだんだん父親の参加も増えていますが、まだ母親と同レベルにはほど遠いのが現実です（地域差がありますが）。

ですが、そのようなPTAは、もはや時代にあいません。共稼ぎ家庭が多数派のいま、**父親も母親と同等にPTAに参加できて当然ですし、そう望んでいるお父さんも大勢います。**

そのためにはまず、活動の時間帯を変える必要があります。平日の昼間以外にも集まるようにすることで、お勤めの父親たちも（同時にお勤めの母親たちも）参加しやすくなります。

もうひとつ、父親を委員や役員にまつりあげるのも、やめてはどうでしょうか。4月の保護者会に（めずらしく）お父さんが出席すると、本人は希望していないのに、「男性だから立てなきゃ！」という言い方で、強引に役職にまつりあげてしまうお母さんがいます。

そういうことがあると、よほど覚悟のあるお父さんしか、PTAに近づけなくなるでしょう。父子家庭のお父さんなど、「4月の保護者会には、出席したいけれど、できない」という人も出てきます。

父親たちがPTAにもっと「ふつうに」参加できるようにするためには、**母親の側も意識をあらためる必要がある**ように思います。

2

けっこうラクで楽しいPTAをつくるには

こんなPTAになっていませんか？

- □ 役員がなにをやっているのかわからない
- □ とにかく役員が大変そう
- □ 会議の終わり時間が決まっていない
- □ 地域との連携が義務化していて負担

ラクにしていくためのチェックポイント

- □ 拘束時間を最小限まで圧縮する
- □ 役員が仕事の内容や楽しさをアピールする
- □ 会議の終了時間を先に決める
- □ 情報共有にメールやネットを活用する

経験者に聞く、PTA参加のメリット

PTAをもっと楽しむため、活動のメリットに目を向けましょう。

「いやなもの」と思うからいやになる？

「PTA はいやなもの」というマイナスイメージが先行しすぎていることの影響も、じつは意外と大きいのかも？　取材を進めていくうちに、そんな思いもふくらんできました。

なんでもそうですが、「楽しもう」と思ってやれば楽しくできることでも、はじめから「いやなもの」と思いすぎていると、つまらなくなってしまうものです。

実際のところ、「PTA をやってみたら、思ったほど大変じゃなかった」とか「意外と楽しかった」という声も、しばしば耳にします。**「楽しもう！」と決めて取り組んでみることも、PTA を実際に楽しくするうえで、大切なポイント**ではないでしょうか。

前提は子どもの環境づくり

PTA 活動をすれば、そのぶん、ほかのことをする時間が削られてしまうのは事実ですが、そこだけに目を奪われると、もっと大切なメリットを見落としてしまいます。

子どもたちが毎日を過ごす環境をよくすることができるのはもちろん、**PTA 活動をすることで保護者が得られるメリット**は、ほかにもいろいろあります。たとえば、以下のようなものです。

メリット1 ＊ 知りあいが増える

地域における人のつながりが薄れているいま、**近所に知りあい**が増えるのは心強いし、また楽しいことでもあります。もし長くつきあえる友だちが見つかれば、それこそ「一生の宝」になります。

メリット2 ＊ 情報が入る

知りあいが増えれば、知りたい情報も入ってきやすくなります。とくに、近隣の進学先や、部活、習い事のことなど、**同じ地域で同世代の子どもを育てる保護者から得られる情報**は、ほかでは得がたい貴重なものです。

メリット3 ＊ 学校のようすがわかる

学校のなかを直接目にする機会が増えるのも、PTAにかかわるメリットでしょう。**学校施設や先生、子どもたちのふだんのようす**がわかっていると、なにかあったときも安心です。学校にとっても、保護者という第三者の目が入るのは有用なことでしょう。

メリット4 ＊ 子どもと近づける

学校に行くと、自分の子どもの姿を見られるのはもちろん、ほかの子どもたちと仲良くなれるのも、うれしいものです。**子どもたちにとっても、目を配ってくれる大人は多くいるほど安心**です。

個人的なメリットでもOK

ほかにも、PTA活動で得られるメリットは、人によっていろいろあるでしょう。

たとえば、商売をしている人や、地域でやりたい活動がある人にとっては、地元での人脈を広げられるメリットがありますし、専業母（父）にとっては、自己実現の場や、再就職のステップになることもあります。

どんな理由でもいいので、**大人たちが楽しんでPTA活動に取り組んでいる姿**を見せられれば、子どもたちにもいい影響を与えられるでしょう。

PTA活動に参加する4大メリット

- **メリット1** 知りあいが増える
- **メリット2** 情報が入る
- **メリット3** 学校のようすがわかる
- **メリット4** 子どもと近づける

【アンケート】PTAの委員を引き受けてよかったこと

NPO法人 教育支援協会による全国の元&現役PTA会員向けアンケートより(▶204ページ)

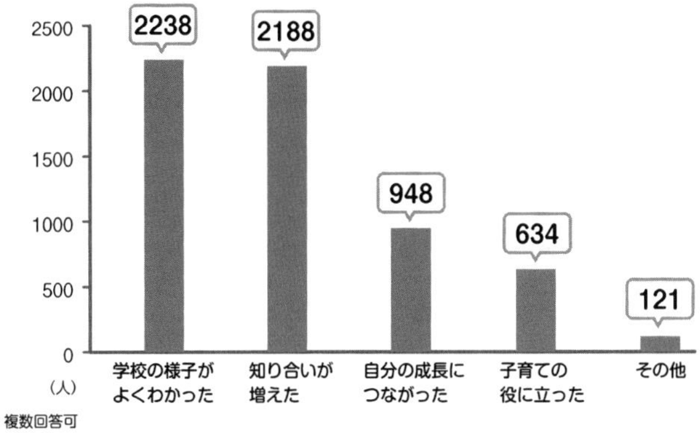

委員を実際に経験した人は、とくに「学校のようすがよくわかった」「知りあいが増えた」ことなどを、メリットと感じているようです。委員の経験回数が増えるにつれ、「自分の成長につながった」「子育ての役に立った」という回答が増えていました。

よしださん

「前年どおりにやらなくちゃ」だと面白くないですけど、「いかにラクにたのしくやるか」って考えると、ゲームみたいでやる気が出ます。

思わぬところにメリットが！

大橋剛さん

個人的なメリットとか、**〝前向きな打算〟を考えることは必要**だと思います。PTAでも町内会でも、やる気がある人がひとりいると、みんなの雰囲気がガラッと変わりますよね。

職場以外の場所でがんばっているお父さんの姿を子どもに見せられるっていうのも、大きなメリットですよね。四苦八苦してイベントをとりしきってる姿とか、近所のおじさんに謝ってる姿とか、**ふだん見せる機会がない**じゃないですか。

川島高之さん
元PTA会長

ぼうだあきこさん

学校にちょっとした要望を伝えるときも、役員などを引き受け、**先生方と多少面識があると、印象が違う**んじゃないかな。〝単なる苦情〟ではなく〝ひとりの保護者の意見〟として受けとめられやすい気がします。

子どもの友だちと友だちになれるのもメリットです。学校に行くと、子どもの友だちから「なにやってんの？」なんて声をかけられて、私もうれしいし、たぶん子どもたちにとっても、うれしい。

林田香織さん

ズバリ! 〝トク〟をしました

高橋祥彦さん
PTA会長

PTA活動をやるようになって、子どもたちのためにも、**自分の住んでる町をもっとよくしたいな**、っていう気持ちが強くなりました。最近、トクしたのは、近所のおすし屋さんに行ったら、PTAのママ友がパートしていて、サービスしてもらえたこと!(笑)

委員をやって、**高学年の親の話を聞けた**のがありがたかったです。近所の中学校の部活のようすとか、人気のある塾の話や、名物先生の面白ネタなど、同学年の親からは入らない情報がいろいろ入ってきました。委員をやってる人は、とくに情報強者が多いのかも。

よしださん

小峰さん

仲良くなった上級生のお母さんから、モノのよい、**お下がりの洋服**をたくさんいただいちゃいました。その人はその人で、タンスの整理ができたからって、喜んでます。

ハマりすぎに注意!

「子どものためにPTA活動をがんばるほど、自分の子どもといっしょにいる時間が削られる」という〝PTAのパラドックス〟にはまりすぎないよう、**PTA活動はほどほどに、親子の時間も大切に**しましょう(笑)。

湖岸のAさん

Interview4

PTAは子どもが卒業するまでの〝期間限定の特権〟です！

川島高之《かわしまたかゆき》さん／NPO法人コヂカラ・ニッポン代表
NPO法人ファザーリング・ジャパン理事

神奈川県の公立小・中学校で4年間PTA会長を務めた、川島高之さん。本部役員はいつも前年のうちに決まり、みんな楽しみながら活動していたそうですが、その秘訣はなんだったのでしょうか？

Q PTAの現状をどう思いますか？

いまのPTAって、二極化していると思うんです。

ひとつは「総会プラスアルファ」くらいの最低限度のことしかやらない、形骸化したPTA。もうひとつは、超多忙で、追いつめられるお母さんも出るようなPTA。放っておくと、このどっちかになっちゃう。

みんな、それでいいの？　なんとかしようぜって思います。

だからぼくは、まず、**PTAはこんなに楽しい！ってことを、いろんなところで言ってきました。**「友だち増えたぜ」とか「学校に行って堂々と子どもたちの姿を見られるぜ」とか、たくさんのメリットをアピールしたんです。

同時に、徹底的に無駄な仕事をやめました。「ぼくも忙しいですし、みなさんもお忙しいでしょうから、**PTAの仕事の量を、いまの半分にしましょう**」**って呼びかけて、どんどん実践しました。**

この2つをやれば、PTA活動をやる人は、絶対増えます。

Q みんなを巻きこんでPTAを変えるコツは?

まずは**「なんのためにPTAがあるのか」ってことを共有するのがだいじ**だと思います。ここを飛ばしちゃうと、話の方向が見えなくなりやすいし、そもそも改善しようっていう気にもなりません。

ぼくは、PTAっていうのは「子どもたちのために、家庭と学校と地域が三位一体となって協力しあう、その潤滑油となるためにある」と考えています。ここを、つねに掲げておくんです。

つぎに、その目的を実現するために、**めざす姿を「具体的に」描く**ことが必要です。たとえば「役員の仕事量も、先生の仕事量も、いまの半分にしよう」とか「すっげー楽しいPTAにしよう」とか。

そうすると、みんなのなかでイメージが湧くので、前向きな気持ちで、そこに向かっていけます。

Q 「やらされ感」をなくすためには?

いまはみんな「義務感」からPTAにかかわっているけど、ぼくは**「権利」から入るべき**だと思うんです。なるべく**「やりたい人がやる」っていう方向にもっていくのがいい**ですよね。

だから、ぼくはいつも「PTAは、子どもが卒業するまでの『期間限定の特権』なんだぜ!」と言っています。PTAにはたくさんメリットがあるってことがわかれば、やりたい人は、かならず出てきますから。
ぼくが会長をやっていたときは、いつも（前年の）年末までに役員が決まっていました。
「権利」だと思ってやっている人がひとりでもいると、じわりじわりとその空気が広がって、やりたい人が自然と増えていくんです。

Q 楽しい空気を生みだすには?

PTAは、もっと気軽にやったほうがいいですよね。あいさつだって、お手紙だってそう。言い間違いや、誤字脱字がちょっとくらいあったって、なんてことはない。もっと〝適当〟でいいんですよ。
ぼくの理想は**「おやじの会」と「PTA」を足して2で割ったくらいのノリ**かな。おやじの会は、楽しいけれどけっこういい加減、PTAはその逆で、きっちりしすぎて話が進まない。そのあいだくらいが、ちょうどいいと思うんです。
会議も〝全員出席〟を必須にしないで、「途中まで参加でもいいよ」とか、もっとゆるく活動できるようにしたらいいと思います。

Q PTA会長の仕事のコツは?

ぼくは、**会長には3つの仕事がある**と思っています。ひとつは、PTAという組織のビジョンを打ち出すこと。もうひとつは、そのビジョンに即したことであれば、どんどんみんなの裁量で進めてもらって、最後の責任をとること。もうひとつは、広告塔になること。

PTA でなかなか話が決まらない最大の理由は、「責任をとる人がいないこと」だと思うんです。だから「こういうふうにやりましょう、**最後はぼくが責任をもちます**」**って会長が言いきると、10 かかっていた時間が、1 ですむ**ようになります。

会長に限りませんが、これからは、お父さんもどんどん PTA をやったほうがいいですよ。男性社会だった企業に女性の視点が入って伸びていくのと同じように、これまでお母さんばかりでやっていた PTA に父親が参加することで、PTA を変えていけます。

PTA をやれば、お父さん自身の幸せ度も確実に高まります。退職後に地域デビューするのってむずかしいですから、PTA で知りあいをつくっておくといい。そうすると老後も楽しみになります。**MBA をとるより PTA 会長を**やるほうが、視野も広がりビジネス能力もアップしますよ。

お話をうかがって

「義務を強化するのではなく、メリットを知ってもらうことで、やりたい人を増やす」という川島さんのやり方は、イソップ寓話の『北風と太陽』のようです。

父親が PTA に参加することで、PTA にとっても、父親自身にとっても大きなメリットがあるという点も、たくさんの人に知ってほしいなと思いました。

スムーズにバトンタッチ！
「委員・役員決め」

委員・役員決めが罰ゲーム化したPTAと
候補者がすんなり出てくるPTA、
違いはいったいどこに？

楽しんでいる姿をみせる

ふだんからPTA活動の楽しさやメリットをみんなに知ってもらっておくと、委員や本部役員決めがスムーズになります。

PTAだよりや保護者会などの場を利用して、先ほどあげたような活動のメリットや、経験者の感動エピソードを、こまめにアピールしておきましょう。

PTAの楽しさを伝えるキャッチフレーズをつくるのもよいでしょう。たとえば「PTAは期間限定の特権」「PTAは部活動」といったように、〝自分のために楽しんでやるもの〟というイメージを伝えられると、みんなが近づきやすくなります。

いちばん説得力があるのは、**実際に楽しんで活動している人の姿を見せること**です。少数でもPTAを楽しんでやっている人がいると、「やってみようかな」という人がだんだん現れやすくなります。

具体的な仕事の内容を明らかにする

PTA の本部や各委員会がどんな仕事をしているかということは、はたから見てもなかなかわかりません。とくに本部役員の仕事については、委員経験者でも知らないことがほとんどです。

選出のときに突然「つぎの役員、お願いします！」と頼まれて、「いいですよ」と言えないのは、しかたがないことでしょう。

活動内容についても、PTA だよりなどを利用して、ふだんから広く知らせておきましょう。

本部、または各委員会では**どんな仕事をしていて、どんな時間帯にどれくらいの頻度で集まっているのか**という活動状況を、できるだけ具体的に出すのがポイントです。

いまの生活のなかで、どのように調整すれば参加が可能かイメージできるので、興味のある人が手を挙げやすくなります。

てぃーこさん

活動内容を細かく資料にして配布したところ、つぎの選出は、立候補者のみで本部役員が埋まりました。

人数をフレキシブルにする

「学級委員を１名から２名にしたら、すぐ決まった」など、定員１名の役職を２人（以上）でもOKにしたら手が挙がりやすくなった、という話もよく耳にします。

仲のいい人と誘いあって活動できるので、義務を強いられる感覚ではなく、自分の意思で参加しやすくなるのでしょう。

各役職に適正な人数は、その年度や、そのときのメンバーによって異なります。「○名」ときっかり人数を固定するよりも、「○名以上」というように、最低人数だけを規約で決めておくと、融通がききます。

すけさん

最初は副会長が3人でしたが、仕事が多くて大変だったので6人に増やしました。そうしたら責任感が薄くなり、出てこない人も現れてしまったので、4人に減らしました。

役員の任期に上限をつける

ひとりの人があまり長く会長（役員）を続けていると、「一度引き受けたら、ずっとやめられなくなるのか？」と思われ、後任が見つかりづらくなる場合があります。

そういったときは「会長の任期は３年まで」などと、規約で役員の任期に上限を設けると、なり手が見つかりやすくなるかもしれません。

「探す」ではなく「採用する」という発想を

「引き受けてくれる人を探す」のではなく、役員みずからが「いっしょに活動したい人を採用する」という発想もあります。

本部の仕事を知らない選考委員の人よりも、**役員のほうが各役職に適した人を見つけやすいですし、誘われた人も気分よく活動できます。**

山本浩資さん

以前は選考委員の人がお願いの電話をかけまくっていたんですが、これをやめて、ぼくたち役員が**「こういう人に入ってもらいたい」という人に声をかけ、採用**することにしました。「なり手がいなくて大変」という、いままでのような苦労はなく、メンバーが集まりました。

それでも決まらないなら、原因は?

これらのくふうをおこなってもなお、なり手が見つからないときは、その委員会や役員の仕事を、もう一度見直してみましょう。

どうしても必要な仕事でなければ、思いきってなくすのもアリです。あるいは、なぜその仕事が敬遠されるのか原因を探り、それを取りのぞくか、改善するか、したいところです。

【アンケート】現在のPTA活動の問題点

NPO法人 教育支援協会による全国の元&現役PTA会員向けアンケートより(▶204ページ)

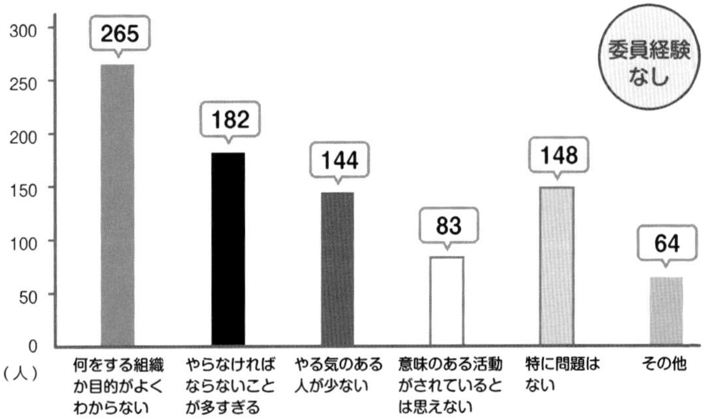

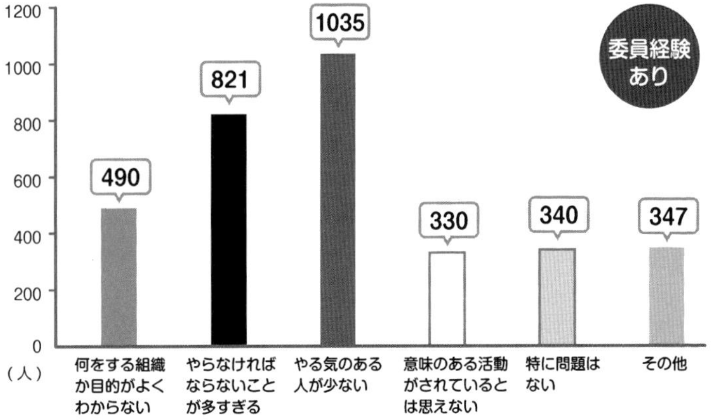

委員の経験回数が多い人は「やる気のある人が少ない」こと、「やらなければならないことが多すぎる」ことを問題だと考えていますが、委員経験がない人は「なにをする組織か目的がよくわからない」と答えています。やる気にならないのは、そのせいかもしれません。

Interview5

「楽しいからやろう!」って言われれば、楽しくやれるんです

林田《はやしだ》香《か》織《おり》さん／ロジカル・ペアレンティングLLP代表
NPO法人ファザーリング・ジャパン会員

千葉県の公立小学校でPTA役員を続けてきた林田香織さんに、お話を聞かせてもらいました。

「PTA活動が、楽しくないはずがない！」という信念をもつ林田さん。どうしたらそこまでポジティブに活動できるのか？　考え方のコツを教えてもらいました。

Q　役員決めが比較的スムーズだそうですが、なぜですか?

広報紙などを使って「本部ではこういうことをやっていて、こんなに楽しいです。仕事をしていてもしていなくても、お父さんでもお母さんでも、**こういう参加のしかたができます」っていう情報を、ずっと出していた**んです。本部役員の選考のまえには〝PTA活動特集〟を2回やって、楽しさをさらにアピールしました。

それから役員の人たちには、ほかの保護者と雑談するときなどに、「役員は楽しい！」ということをPRしてもらいました。「役員は大変」っていうことも、言ってもいいんですけど、そのときはかならず「こんな楽しいこともあるよ」っていう話をつけくわえてね、って頼んだんです。でも、実際にみんな楽しんでいたので、お願いしなくても自然とそうなったようです。

毎年、役員の候補になるのは、評議委員会（運営委員会）に出てくる人（学級委員など）が多いので、評議委員会のときにもアピールしました。

一方で、役員の負担を減らし、活動を楽しくするくふうも、どんどんやってきました。仕事をしている人もいたので、会議の回数を減らすなど、時間がかかる業務や必要のない作業をどんどん減らしつつ、**作業をおこなう際は〝楽しく短く〟をモットーにしていました。**

あとは規約を改正して、役員の人数を増やせるようにしたり、任期に上限を定めたりもしました。

役員選出は選挙管理委員会の管理のもと、推薦（自薦と他薦）でおこなっています。

以前はお手紙を配って、名前があがった人にこちらから何度も電話をかけ続けていたそうですが、それをやめて、同じ手紙を２回配ることになりました。すると不思議なことに、一度目に名前があがったときは断ってきた人でも、**二度目に名前があがって声をかけると、今度は引き受けてくれる**んです（笑）。

興味があっても自信がなかったりして決心がつかなかった人も、二度も書面でお願いされると「やってみようかな」と、ふんぎりがつくのかもしれませんね。

Q PTA活動をそんなに楽しめるのは、なぜですか？

「せっかくやるんだったら楽しまないと」って考えるのは、もともとの性格でしょうか。

あとは、上の子が低学年のときまでアメリカに住んでいたので、ほかの人みたいに「PTA は大変」っていうイメージが、あまりなかったせいもあるかもしれません。

「楽しい」っていう雰囲気をつくれば、PTA って楽しくなるんですよ。それは、人から言われてもわからないことなんですけれど、小さな体験として積み重ねていくことで変わっていく。

役員をやるときも「大変だけど、順番なのでお願いできますか」って言われたら、やりたくないですよね？　でも「楽しいから、いっしょにやろうよ！」って言われたらやりたくなるし、実際に楽しくやれるんです。

やっている作業は、たしかに大変なこともあります。でも、それなら**「なんで大変になっているか」を考えて、ラクにできるように努力したほうがいい**ですよね。

お話をうかがって

「大変そうだな」とみんなに敬遠されるものごとでも、「大変じゃなくできるように取り組む」という林田さんの考え方は、とても前向きで、カッコいいです。

PTA 活動の負担を減らすために林田さんが実践してきたさまざまなくふうは、このあと本文でもたっぷり紹介します。

仕事を分担するくふう

**上手に仕事を分けあうことで、
みんなの負担を
ぐんと減らすことができます。**

分担でラクする方法

メンバー全員であらゆる仕事に取り組むのではなく、うまく仕事を分担できれば、各々のメンバーの負担はずっと軽くなります。

複数の仕事がある場合は、それぞれに担当をわりふりましょう。

たとえば役員が6人いるのであれば、2人ずつのチームを3つつくって仕事を進めれば、ラクに、早く片付きます。

林田香織さん

本部役員のなかで、ベルマーク活動に出た人は、評議委員会（運営委員会）を休んでOKというようにしました。どちらとも、**全員が出席しなくても、とくに困るものではないので**。それぞれの人が好きなほうに出てもらえばいいですよね。

分担した仕事は担当の人に任せて、**ほかの人が横から口を出さない**ようにしました。全体を把握している人は、1人か2人いれば十分です。意見する人が増えるほど、進みはのろくなります。

よしださん

アイデアひとつでさらに負担減

仕事のわりふりをくふうすれば、さらに負担を減らせます。

たとえば「買いだし」や「下見」のような仕事に、みんなで行く必要はありません。だれかひとりが**自分の用事のついでにすませれば、あっというま**です。

ひとつの委員会の仕事を、**夫婦で分担する**という話も、わりあいよく聞きます。これならひとりの負担は半分ですみますから、可能な場合には、どんどんとり入れてもらうとよいでしょう。

林田香織さん

水泳大会や相撲大会の引率は、子どもがその大会に出ている人に担当してもらいます。**もともと行くつもりでいた大会だから、あまり負担にならない**と思います。

勤めている人とペアを組んだときは、文書づくりをその人にお願いして、私（自営業）はおもに会議に出る、という分担にしました。**おたがいやりやすかったです。**

安田さん

よしださん

シングルマザーなので夫婦で分担はできませんが、夫婦で引き受けてくれる人が増えれば、**結果的にこちらに仕事がまわってきにくくなる**ので歓迎です(笑)。

場所や時間を限定しない

「自宅でなら仕事を手伝えます」という人がいる場合は、**学校に行かなくてもできる作業を切り分けて、その人にお願い**しましょう。

その場合、仕事を依頼した人は「○○さんが、これをやってくれました！」などと、みんながいる場でその人の功績をアピールするのがお約束です。

逆にもし、学校に来ないとできない作業があるときは、時間（日数）の幅をもたせて設定しておくとよいでしょう。

そうすれば、**それぞれの人が空いている時間や、出かける（あるいは帰宅の）ついでにすませられます。**

てぃーこさん

〝資料を500部作成する〟といった作業は、「○月○日の**何時以降にPTA室に準備しておきますから、手が空いている人でお願いします」**とメールしておくと、何人かで申しあわせて作業してくれたり、印刷だけ1人でおこなったりと、フレキシブルな分業ができました。

以前は月2回、決まった曜日にみんなで旗振り（見守り）をしていましたが仕事の半休をとってまで参加している人がいたので、〝この週の月～金曜のあいだに1回〟として、**好きなときにやってもらうこと**にしました。仲のいい人と時間をあわせて来る人もいます。

よしださん

連絡のしかた、情報共有のくふう

**メールやネットを活用すれば
簡単に情報共有できるから、
みんなで集まる負担を減らせます。**

「メールのほうがラク」という人は多い

みんなが何度も学校に足を運ばなくてすむよう、メールをうまく活用しましょう。

いま、20～40代の人のネット利用率は95%を超えており、ほとんどの保護者はメールを使っています。**メールを情報伝達の標準ツールとして、メールをしない人にはファクスや電話で個別対応**したほうが、効率がいいはずです。

PTA担当の教頭（副校長）のなかにも、「メールで連絡をもらえたほうが都合がいい」という人もいるようです。遠慮せずに、まずは聞いてみましょう。

いつも決まった複数の相手にメールを送信する場合は、メーリングリストを利用すると手間が省けます。携帯以外のアドレスを受信拒否設定している人には、メーリングリストのアドレスを受信登録してもらいましょう。

友口乃莉子さん

副校長先生に書類をチェックしてもらうとき、以前はいちいち学校に行って手渡ししていたんですが、副校長先生も忙しいから、**何度もすれちがって会えないこと**があるんです。
それで、あるとき思いきってメールアドレスを聞いてみたら、すんなり教えてくれました。**先生も、じつはそのほうがよかった**みたいです。
それからは、書類のデータをメールに添付して確認してもらっているので、ラクになりました。

メールで議論をはじめちゃうと収拾がつかなくなるので、**メールはできるだけ〝報告〟に使う**ようにしました。

川島高之さん

世代別インターネット利用率（2011年末時点）
総務省『情報通信白書』より

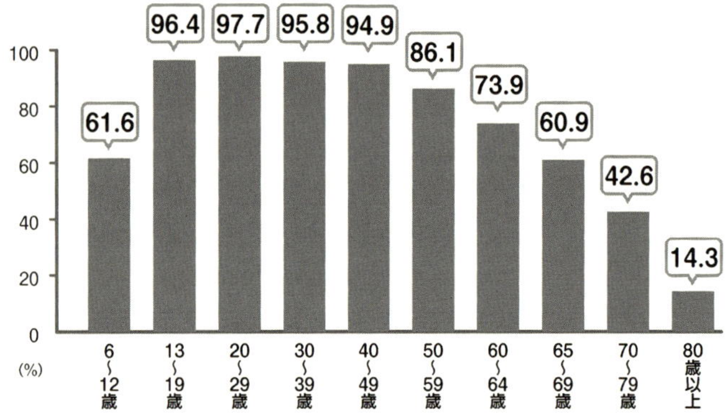

13〜49歳までのネット利用率は、いずれも9割を超えていることがわかります。教頭（副校長）の世代（50〜59歳）でも、86%の人がネットを利用しています。

メール内容をブログにアップする

たくさんのメールをやりとりしていると、あとで「あの話が書いてあったのは、どのメールだったかな？」と探すことがあります。

みんなでやりとりするメールをブログにまとめておくと、そういったときに便利です。

多くの無料ブログサービスでは、**専用のアドレスに送信したメールを、自動的に投稿してくれる機能**があります。みんなでメールをやりとりする際、そのアドレスを宛先に加えるだけで、ブログが更新されていきます。

たまに、特定の携帯電話（アドレス）からのメールしか投稿を受け付けないサービスがありますが、これは避けましょう。

知らない人からブログを見られないようにしたい場合は、閲覧制限（パスワード設定）をかけられるサービスを選ぶと安心です。

よしださん

集まりの日時や場所を書いたメールは、かならずブログにもアップしておきました。「いつ（どこ）だっけ？」と人から聞かれたときは、私もそこを見ればいいですし、**よく忘れる人には、そのブログのURLを伝えておきます。**

たとえば「seesaa ブログ」の場合

★ だれがメールを送っても投稿可能

★ 記事のカテゴリーごとに、投稿アドレスを設定できる

★ 閲覧制限をかけたいときは、ID とパスワードを設定できる

携帯メールとパソコンメール共存のコツ

携帯メールを使う人は、迷惑メール対策でパソコンのアドレス（携帯以外のアドレス）をすべて受信拒否していることもあります。

そうすると、ほかのメンバーも全員、携帯メールを使用せざるをえなくなりがちですが、パソコンのアドレスを使いたい人にとって、これはとても不便です。**使用するパソコンのアドレスを伝え、指定受信する**ようにお願いしてみましょう。

なお、携帯メールで絵文字を使うと、ほかの携帯やパソコンでは化けて表示されることがよくあります。文字や記号を組みあわせた〝顔文字〟を使えば、化けることはありません。

絵文字の文字化け例

遅れます！

こんなふうに〝絵文字〟を入れてメールを送ると……

遅れます！??

相手の携帯やパソコンには、化けて表示されることがあります

遅れます！m(_ _)m

〝顔文字〟を入れて送れば、化けることはありません

LINEなどのメッセージアプリ

スマートフォンの普及にともない、LINEなどの無料通話&メッセージアプリを使う人も増えてきました。チャットのように画面上で会話することができるので、短文や急ぎの連絡には重宝です。「グループ」機能を使えば、**複数のメンバーと会議することも可能**です。いちいち集まらなくてもすみますし、会話内容がすべて文字で残るので、議事録をつくるときもラクラクです。

2人で顔をあわせて話をしたいときは、「ビデオ通話」も可能です。同じ資料を見ながら相談したければ、手元を撮りながら会話するというワザも使えます。

オンラインサービスでデータを共有

DropBoxやSugarSyncなど、ネット上のデータ保管サービス（オンライン・ストレージ・サービス）もPTAの仕事に活用できます。

データの自動バックアップになる、資料をメールでやりとりしなくても簡単に共有できる、どこからでもデータにアクセスできる……など、たくさんの利点があります。

友口乃莉子さん

以前はイベントのまえなど、仕事の分担表やスケジュール表、買いだしリストなどのファイルを持ち歩いていましたが、いまは〝DropBox〟を使っているので、**職場のパソコンやスマートフォンから資料を確認できます**。荷物が軽くなりました。

応用自在！　スケジュール調整サービス

複数のメンバーで日程調整をしたいときは、ネット上のスケジュール調整サービスを使うと簡単です。

たとえば「伝助」（http://www.densuke.biz/）の場合、イベント名と候補の日程を入力すると「イベントページ」が作成されるので、このURLをメールで知らせたら、あとはみんなが入力するのを待つだけです。**予定のあう日をひと目で把握**することができます。

出欠確認や、弁当の注文個数確認など、さまざまな用途にアレンジすることもできます。

スケジュール調整サービス「伝助」

役員会の日程

都合のいい日を入力お願いします

	○	△	×	小鳥	検見川	久ヶ沢	菊川	柿沼	大和田	江頭	打田	伊東	相川
5/9(金)20時～	6	1	3	○	○	×	○	○	×	×	△	○	○
5/13(火)19時～	2	5	3	△	△	△	○	△	×	△	×	○	×
5/15(木)20時～	4	4	2	×	○	△	○	△	△	○	×	○	△
5/16(金)20時半～	7	2	1	○	×	△	○	△	○	○	○	○	○

名前：　新規追加する

ユーザー登録不要、無料で利用できます。パソコン、スマートフォン、ふつうの携帯からも入力できます。パスワードを設定して、閲覧制限をかけることも可能です。

友口乃莉子さん

役員会の日程を決めるとき、以前だったら役員全員にメールを送って、わらわらと返事が届くのを待ち、それから自分で表を作っていたんですが、いまは〝伝助〟を使っているので、すごくラクです。

メンバー間の情報共有に、〝サークルスクエア〟というグループウェアを使っています。メールの一斉配信機能やスケジュール機能も使いやすく、ファイルの格納もできるので、気に入っています。情報共有や引き継ぎもしやすくなりました。

尾形有三さん

竹原健造さん

役員のあいだで〝サイボウズLive〟（無料のグループウェア）を使っています。年間行事は〝イベント〟に入力し、資料は〝共有フォルダ〟に保管します。〝掲示板〟で連絡事項を話しあうこともできます。誰かが書き込むと、通知メールが来るように設定できるので、便利です。ぼくはパソコンで使っていますが、iPhoneアプリもあります。

グループウェア「サイボウズLive」

※会員全体に緊急メールを配信する方法は ▶ 151ページで紹介しています。

会議をコンパクトにするくふう

早く帰りたいのは、みんな同じ。
ダラダラ会議とおさらばするには？
決まる！　終わる！　会議の演出方法。

その日の議題を先に流しておく

会議のまえに、メールやホームページを使ってその日の議題を共有しておくと、早く話が進みます。

会議後は、参加できなかった人のために概要を流しておくと、次回の会議で説明する時間を省けます。

終了時間を設定しておく

「何時までに終わらせる」という確認をしてから会議をはじめると、無駄に長引かせずにすみます。あえて、みんなのお腹がすくような時間帯に会議をはじめるのも手です。

川島高之さん

土曜の朝6時から、ファミレスで会議をやります。そうすると、みんな早く帰って家のことをやりたいから、自然と短時間で終わるんです（笑）。

おしゃべりしたい人の場を用意する

PTA 活動に参加する人のなかには、仲間とのおしゃべりがいちばんの目的という人もいるので、会議のときに、つい話が横道にそれて長引いてしまうことがあります。

そういったときは、会議後にお茶会やランチ会を提案すると、早く終わるかもしれません。あるいはベルマーク活動のように、**おしゃべりしながらできる作業にまわってもらう**のもよいでしょう。

作業をわりふるときは、〝おしゃべりしたい系〟の人か〝早く終わらせたい系〟の人か、タイプを見定めてグループをつくります。

よしださん

最初に帰る勇気をもつ

会議がすんで、みんながなんとなくおしゃべりを続けているようなとき、最初に「帰ります」と言いだすのは勇気がいります。でも、だれかひとりが言いだせば、「私も、そろそろ……」と続いて立ち上がる人は、意外と多いものです。

「みんな言いだせないだけで、早く帰りたい人はほかにもいる」と信じ、〝言いだしっぺ〟になりましょう。

ぼうだあきこさん

「すみません、私は○時までに帰らなきゃいけないので、いま決めちゃいましょう!」って言って、**その時間までに本題を話しおえるよう、やんわりとしむけます。**みんなだって絶対、早く帰りたいと思います。

PTAの情報を発信するくふう

**委員会や本部がどんな活動をしているのかを
みんなに知らせる広報活動。
活動記録としても、のちのち役に立ちます。**

PTAだよりや広報紙で知らせる

委員会や本部の活動について、みんなに知ってもらうには、PTAだよりや広報紙を活用しましょう。とくに本部の活動については、広報委員より本部役員のほうが把握しているので、PTAだよりで知らせるのが向いています。

形式的な文章は書くほうも読むほうも疲れるので、ふだんどおりの飾らない言葉で書いたほうが、おたがいのためです。

川島高之さん

PTAだよりに「春うらら、みなさまいかがお過ごしでしょうか」なんていう堅苦しいことは書かない（笑）。気楽な文章を、**自分の言葉で書くのがいちばん**だと思います。

中学生は手紙をすぐなくすので、**だいじなモノは集金袋にさしいれて配布**すると、親に届く可能性が高まります。

Tさん

ホームページやブログ、Facebookを使う

最近は、ホームページ（HP）やブログ、Facebookページなど、webで情報発信をおこなうPTAも増えています。

webは簡単に情報を発信できるうえ、印刷費用や紙代もかからず、さらに現在の会員だけでなく、**これからPTAに入る人や地域の人たちにも見てもらえる**など、多くの利点があります。

また、何年分もの活動を1か所にまとめて保存できるので、データベースの役割も果たせます。いつ、どんな活動をしたかという記録を知りたいとき、だれでも簡単に確認できます。

オンラインでHPをつくれる〝jimdo（ジンドゥー）〟というサービスを使って、PTAのサイトをつくりました。活動報告を、ここにまとめています。

Tさん

webの発信で注意すること

webで情報発信をする際は、だれが最初にHPをつくるのか、**だれがどんな頻度で情報更新をおこなう**か、といったことをあらかじめ相談しておきましょう。

子どもや保護者の顔が写った写真をアップする際は、個人が特定されないようにご注意を。画像を小さく（粗く）しておくか、**撮影時に掲載OKかどうか保護者に確認しておく**と安心です。パスワードをかけて、その記事を見られる人を限定してもよいでしょう。

田口浩一さん
御幸中学校
PTA会長

PTAでなにをおこなっているか、一般会員や地域の方に伝えるため、HPやFacebookで、活動内容や研修レポートなどの情報をこまめに発信しています。

目的のひとつは、**次年度以降のPTA加入者に活動内容を知っていただく**こと。見た人が「役員になってみたい」と感じてくれればうれしいです。

もうひとつは、どんな活動をしたのか、**あとの人たちへの記録を残す**こと。講演会でためになった情報など、これを見ればわかりますよね。PTAは、役員が入れ替わると、それまでの活動の情報が伝わりにくいので、そこを補えればと思っています。

川崎市立御《み》幸《ゆき》中学校PTAのFacebookページ

新会員向けの説明会

新会員に活動を知ってもらうには、説明会を開くのが王道ですが、現状、説明会をおこなっているPTAはあまりないようです。

もしおこなうのであれば、入学式や年度はじめの保護者会など、**学校行事で保護者が登校する日**にできれば、説明会だけ開催するより、多くの参加者を見込めます。

たとえば、京都府亀岡市立稗田野《ひえだの》小学校PTAでは、**就学時健診のとき**に「親のための応援塾」として、講演やワークショップなどと同時に、**PTAの意義説明**をおこなっています。

参加者からは「保護者間のつながりが生まれた」「入学時の不安が解消された」などと好評で、PTA活動の活発化にもつながったそうです。（『PTA実践事例集（27）』204ページ）

入学式で会長が保護者にあいさつするとき、PTAの意義や必要性を簡単に説明しています。

説明もされず、いきなり会員になるのでは、〝やらされ感〟をもつのが当然だと思います。

弥生さん

地域との関係におけるくふう

PTAが学校と地域をつなぐ役割を果たすうえでのくふうを紹介します。

学校と地域の連携を支える

一般のPTA会員にはなじみの薄い部分かもしれませんが、学校と地域の連携を支えることも、PTAのだいじな役割と考えられます。

地域の協力を得られれば、子どもたちをよりよい環境で育てられるからです。

とはいえ、PTAや地域の状況によっては「学校のなかのことだけでも手一杯なのに、地域のことまでは手がまわりません！」ということもあるでしょう。そういった場合は、無理のない範囲でかかわっていければ十分ではないでしょうか。

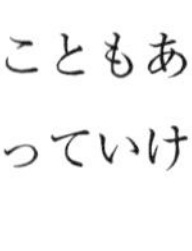

八武崎秀紀さん

地域が学校に協力するのは当たりまえのことなんだけど、なかなかその関係が窮屈になってきてますよね。**学校に言いたいことが言えないでいる地域の方**もいるし、**学校も地域に頼みたいけど頼みづらいことが**あったりする。そういうのをPTAや学校応援団（地域住民の組織）がうまく橋渡しできるといいですよね。

地域の重鎮たちとうまくつきあうコツ

PTA役員（おもに会長）は、かなりの頻度で、地域の行事や集まりに呼ばれます。地域との関係を良好に保つためには、こういった場で、自治会長など、地域の〝重鎮〟とうまくつきあう必要があります。

重鎮と上手につきあうコツは〝話をよく聞くこと〟です。睡魔に襲われることもあるかもしれませんが、地域の協力を得るのは子どもたちのためですから、なんとか乗りきりたいところです。

宴席が不得手な人は、ほかの役員に担当をかわってもらうか、何人かで交代で出席するとラクになれます。

川島高之さん

PTA会長は、しょっちゅう地元の行事に顔を出します。いちばん下っ端ですから、おじいちゃんたちにお酌して、話を聞いて、ひたすら相づちを打っている（笑）。でも、**実際お世話になるわけだし、素敵なお話も聞けるので、なんてことないんですよ。**

酒が苦手なので、宴席に出るのは正直つらいときもありますが、**友好的な関係維持のために重要な場**だと思っています。任期中に、地域の人たちとの関係は、とてもよくなりました。

田口浩一さん

協力にお返しをするときのコツ

地域の人たちが学校によく協力してくれる場合には、たとえば地域のお祭りの際にPTA有志で手伝いにいくなど、「お返し」をするのも手です。

PTA予算で贈り物をする場合は、習慣化して、金額が年々高騰することがないようにご注意を。

もし逆に、「PTAが地域に奉仕するばかりで、地域からはほとんど見返りがない」というときには、ただ耐え忍ぶのではなく、たとえば登下校時の子どもたちの見守りなど、学校や保護者への協力を頼んでみてはどうでしょうか。

よしださん

ふだんはあまりお返しする機会がないですが、**災害時などに、PTAが地域の役に立てればいいかな**、と思っています。

いつもお世話になっている地域の方たちに、**パトロールのとき使ってもらう旗や帽子をPTAからプレゼント**しました。バザーのときには、感謝を込めて〝招待状（バザーで使える食券）〟を贈ります。

大越拓也さん

林田香織さん

うちの地域は、おじいちゃんたちが、ものすごく学校に協力してくれるんです。いつも学校に出入りして、畑を作ったり植木をととのえたりしてくれるし、登下校時には毎日歩道に立って、子どもたちの見守りをしてくれます。

保護者の人たちも、いつも子どもたちのために大活躍しているおじいちゃんたちを見ているので、「自分たちもなにかしなきゃ」って、自然に思うみたいです。PTA活動が活発なのは、その影響もあるかもしれません。
おじいちゃんたちには、いつも「ありがとうございます!」ってお礼を言って、会えばおしゃべりしたりしているので、「じつは学校の花壇が壊れちゃって……」なんて相談をすると、「おれが直しといてやるよ!」って、話が早いです（笑）。

田代さん

いつもPTAが地域の手伝いをするばかりです。むかしからそうだから、変えづらいみたい。でも、ちょっとずつ、校長先生から言ってもらってます。

自治会との会合について

多くの地域では、小・中学校の学区ごとに、校長・教頭、自治会長、現役&元PTA役員（おもに会長や副会長）などが集まる会があります。

名称は「青少年育成委員会」「地域教育会議」「コミュニティサポート委員会」などバラバラで、自治体からおりる予算も、地域によって異なります。

それぞれの会では、数か月に1回、夜にお酒を飲みながらの会合をおこなうことが多いようです。なかには、PTAのような委員会活動をおこなう会もあります。

PTAはこのような場で、地域と学校の連携役を期待されるわけですが、取材中、「この会への参加強制が大きな負担になっている」という声を何度も耳にしました。

こういった会も、PTAと同様に、できるだけ参加者の負担を減らすための見直しの時期にきています。たとえば「集まりの頻度を減らす」「無駄な仕事をやめる」など、PTAと同じくふうが有効です。

PTA役員から自治会長に直接意見を言いづらい場合は、校長先生などと相談して、「学校代表（校長・教頭）かPTA役員、どちらかが出席すればよいことにする」などといった改善策を、学校として提示・誘導してもらいたいところです。

すけさん

うちの地区は、2か月に一度くらい、夜に会合があるんですが、出てこないPTAがあると、あとからブチブチ文句を言われます。ほかの地区だとPTAは出なくてもいいところとか、年に2、3回のところもあるんですけど、うちはとくにキツイ。これさえなければ、（役員を続けても）いいんですが……（苦笑）。

山崎信子さん

学校と地域の連携をめざしているのでしょうが、PTAは町内会に労力を絞りとられるばかりです。

すけさん

PTAの委員会みたいな活動もあって、私は〝補導部〟です。月に1回、地域のパトロールのため、大名行列みたいにみんなでぞろぞろ歩きます（苦笑）。

Lさん

会長はいろんな地域活動に参加要請されますが、平日の日中にやるものも多く、負担が大きいです。

Uさん

むかしからの慣例で、お祭りのたびに近所の神社を20人くらいでまわるんですが、3人いれば足りる。そもそも、いまどき神社の裏でシンナー吸う中学生なんていないし（苦笑）。

「P連」ってなに？　上部団体について

一般のPTA会員にはあまり知られていませんが、PTAには「P《ピー》連《れん》（PTA連合会、PTA連絡協議会）」と呼ばれる**上部団体**があります。

まず、各学校のPTA（単位PTA＝単《たん》P《ピー》）は、市または区のP連に加盟します。市・区のP連は、都道府県のP連に加盟し、さらに都道府県のP連は、社団法人日本PTA全国協議会＝日《にち》P《ピー》に加盟するという、3段階（前後）の構造となっています。

いくつの上部団体に加盟しているかは、各PTAによって異なります。ひとつも加盟していないこともあれば、市や区のP連、都道府県のP連、日Pの3つすべてに加盟していることもありますし、市や区のP連のみに加盟していること（市や区のP連が、都道府県のP連に加盟していないとき）もあります※。

最近では、上部団体に加盟しない単PやP連も増えてきました。とくに東京都は加盟率が低く、都小P（東京都小学校PTA協議会）の加盟率は約17％です（2012年度）。

それぞれのPTAは、加盟している上部団体に「分担金」というものを納めています。つまり、**PTAの一般会員は、自分の学校のPTAをとおして、上部団体にも会費を納めている**ことになります。

1人の会員が上部団体に納めるトータルの金額は、年間数十～数百円ていど（1児童または1家庭あたり）と、加盟しているP連によって異なります。このうち日Pに納められるぶんは「1児童あたり年間10円ていど（都道府県によって異なる）」だそうです。

Column

各 PTA の役員には、活動面での負担もあります。たとえば多くの P 連では、毎年「研究発表会」というものをおこなっていますが、この発表がまわってくる年度の PTA では、例年にくらべて役員の負担が重くなるため、なり手がますます見つかりにくくなります。

上部団体への加盟が必要かどうかついては、PTA によって、また人によっても、意見が分かれるでしょう。

私たち PTA 会員は、まず自分の学校の PTA がいくつの上部団体に加盟していて、それぞれの団体にいくら納め、役員がどのていどの負担を負っているのかを知り、そしてそれらの団体が、**分担金や役員の負担にみあうだけの活動をおこなっているかどうか**を、一つひとつチェックする必要があります。

手始めに、P 連のホームページを確認してみましょう。もし、分担金や活動について記載がない場合や、ホームページ自体がない場合には、電話で問い合わせてみるとよいでしょう。

※政令指定都市の P 連は、都道府県の P 連には加盟せず、直接、日 P に加盟します。その政令指定都市によって、P 連の下に区 P がある場合と、ない場合があります。

P連による陳情とりまとめ

市や区のＰ連のなかには、学校の通常予算で足りない部分を補うため、議員に働きかけをおこなっているところもあります。

まず、各 PTA は校長と相談して、予算が必要な箇所を確認し、市や区のＰ連がそれらの要望をとりまとめて、教育委員会と議員に話をする、という流れです。

各 PTA から直接、議員に要望を伝えることもできますが、その場合、議員は「どの PTA の要望を優先するか」という判断をつけづらいため、動きにくいようです。

Ｐ連があいだに入り、優先順位を調整しておくことで、より緊急度の高い要望から実現することができます。

なお、先に特定の議員にのみ話がいくと、かえって話がこじれる場合があるので、すべての会派・議員に同時に声をかけたほうが安全なようです。教育委員会と議員が対立しないように話を進めることも、ポイントです。

田口浩一さん

年に一度、市のP連を通じて、議員さんに陳情をおこなっています。今年度は、35人学級の実現、中学校給食の実施、ボール遊びができる公園の拡充などをお願いしています。

Column

ここ(東京都中野区)では毎年、区のP連さんから議員に要望を伝える懇談会がおこなわれています。**PTA会長が全員で各学校を見てまわったうえで**、どの学校(PTA)の、どの要望を優先するか、順位を決めてくれているので、議員のほうも動きやすいです。

石坂わたるさん
中野区議会議員

議員を通さず、直接議会に陳情をおこなうこともできますが、そうすると「できるか・できないか」という、どちらかの結論になりやすく、もし「できない」という**結論が出てしまうと、あとからその結論をくつがえすことはむずかしくなります。**
あいだに議員がいれば、議員と担当部署が相談するなかで、ほかのやり方を探すこともできますし、「100%はできないけれど、50%で手を打つ」といった調整もおこなえるので、**実現の可能性は高まる**と思います。

※通学路の安全確保など、あまり予算を必要としない内容の要望については、各PTAから直接行政(警察署など)に要望を出すのもよいでしょう。
(「危険な箇所の改善要望を出す」 ▶ 149ページ参照)

Column

PTAの飲み会

PTA メンバーの飲み会は、どちらかというと減っているようです。総会のあとの歓送迎会も、むかしはお酒がふるまわれることが多かったようですが、いまはまず聞きません。

ですが、酒の席ならではの「腹を割ったコミュニケーション」も、悪くはないものです。職場などと同様に、飲み会で気楽に話をしたあとは、仕事がしやすくなることもあるでしょうから、たまにはいいかもしれません。

もちろん、**参加強制は禁物**です。お酒の席が苦手な人もいますし、事情があって参加できない人もいます。

またときには、こんな問題が起きることもあります。

すけさん

以前は、一部の役員がよく飲み会をやっていたんですが、飲み会が好きじゃない人もいるので、だんだん2つに割れちゃったんです。さらに、**みんなで決めるべきことが飲み会の席で決まってしまい**、それを飲み会に出なかった人たちが聞いていなかったりしたために、**険悪になってしまいました。**

このようなトラブルを避けるため、もし飲み会の席で活動にかかわる話が出たときには、かならず、その場にいなかった人にも内容を報告することをお忘れなく。

3

どうしてる？ PTAのおサイフ管理

こんなPTAになっていませんか？

- □ 予算消化のための活動計画
- □ 会計内容の明細が担当者にすらわかっていない
- □ 多額の繰越金がたまっていく
- □ 予算残額にあわせて記念品を購入

ラクにしていくためのチェックポイント

- □ 予算使途を募集して、優先度を話しあう
- □ 金額ごとの決裁権限を明確化する
- □ 余るようなら会費の値下げも

予算や会費を見直す

せっかく集めたみんなのお金、
もっと有効な使いみちが考えられるかも？
いつも余っているなら値下げも検討を。

「用途ありき」で考える

取材やアンケートのなかで、「PTA 予算の繰越金が多く、使いみちに悩む」という声を、しばしば耳にしました。もし**毎年予算が余るのであれば、会費を引き下げては**どうでしょうか。

保護者のなかには、経済的に苦しい人もいます。活動面での参加強制にくらべ、会費の支払い強制について表立って文句を言う人は少ないので見過ごされがちですが、これを負担に感じている家庭もあるのは事実です。

あるいは、一律に会費を集めるのでなく、イベントや備品の購入など、**「用途ごとにお金を集める**」という方法も考えられます。

いまの PTA は、会費が先に決まっているため、「予算ありき」の運営になりやすく、このことが「例年どおり」の活動をくりかえす一因にもなっています。「用途ありき」でお金を集めたほうが、自由に活動しやすくなるのではないでしょうか。

払えない人に配慮する

現状では、会費を払えない・払いたくない人には、PTAをやめる（入らない）という選択肢しかありませんが、「退会を申し出たところ、いやがらせを受けた」という話を聞くことがあります。

PTAは任意加入の団体であることをみんなが理解したうえで、参加できない人がいやな思いをしないですむよう、ルールをつくっておきましょう。（▶173ページ）

もし、「会費は払えないけれど、活動には参加したい」という人がいるなら、**無料会員の枠をつくる**のはどうでしょうか。

一方では逆に、「仕事が忙しいので、会費を多く払ってもかまわないから、活動を免除してほしい」という人もいるでしょう。このような人に会費を多く納めてもらえば、とんとんになります。

PTAへの参加を**「活動面での参加」と「金銭面での参加」に分けて考える**と、より多くの人が参加しやすいかたちを見つけやすくなるはずです。

公立小学校のPTA会費の額（年間）と児童数

「もっと楽に&もっと楽しく『PTA』アンケート」（▶205ページ）より

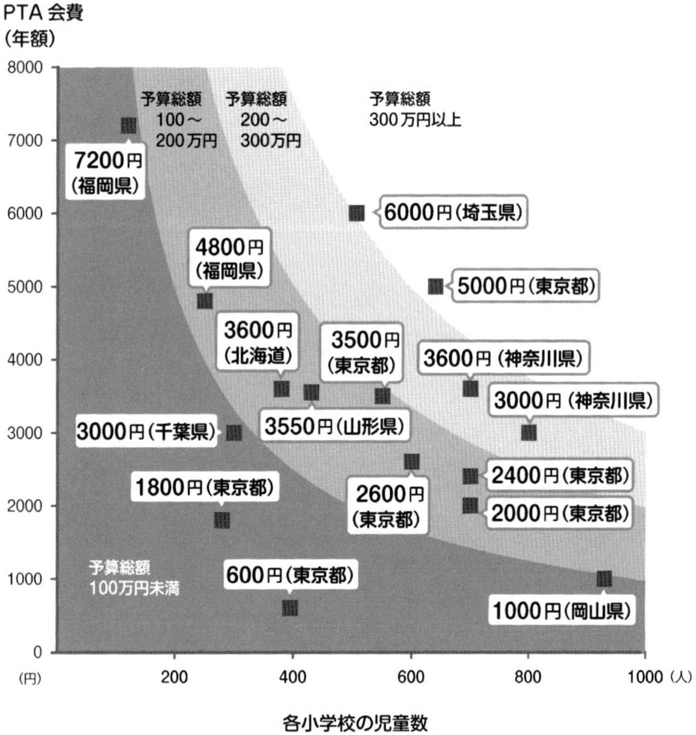

各PTAの会費（1家庭あたりの年額）と、学校の児童数との相関をまとめたグラフです（1児童あたりで会費を集めているPTAや、会費に幅があるPTA、児童数不明の回答は除外）。会費が高くても児童数が少なければ総額は小さく、逆に会費が安くても児童数が多ければ、総額は大きくなります。ここに掲載した16校のうち、総額が300万円以上のPTAは2校ありますが、正直「そんなに必要ないのでは？」という気がします。

Interview6

「今年はコレを買います」と決めたうえで、会員を募集しています

優子Jordanさん／米国アラバマ州在住

アメリカ南部のアラバマ州にある公立小・中学校のPTAのようすを、現地在住の優子Jordanさんに聞かせてもらいました。なお、優子さんの子どもが通った中学校のPTAは、保護者と先生だけでなく生徒も加入できるかたち（PTSA=Parent-Teacher-Student-Association）だったそうです。

Q どんなふうに入会するんですか？

こっちでは新学期が始まるまえに「オープンスクール」っていう、新入生とその保護者たちに対するオリエンテーションのような催しがあるんです。このとき、PTAの役員が前に出て、**活動内容や会費の説明をおこない、「入ってください、よろしくお願いします」って呼びかける**んです。

会場にはいろんな活動のブースが出ていて、そのなかに、PTAもブースを出しています。加入する人はそこに行って、名前や連絡先を書いて申し込みをします。

小学校のPTAは、会費が1家庭年間10ドルでした。中学校のPTAは1人5ドル、1家庭15ドルです。生徒だけが会員の場合は5ドル、ひとり親家庭なら1家庭10ドルになります。

小学校のPTAでは、たくさんの人に加入してもらうために、ごほうびも出ました。たとえば、「加入率100％のクラスだけ、ピッツァランチをプレゼントします！」とかね。

Q 会員はどんなふうに活動するんですか？

小学校のPTAでは、入会ブースにジョブリスト（仕事の一覧）が貼りだされていて、**自分がやりたいもののところに、名前と連絡先を書いていきました**。たとえば、「バザー」「春のフェスティバル」「秋のフェスティバル」「フリーランチ」とか、全部で10種類くらいあったかな。

いっぱい名前を書く人もいるし、ちょっとしか書かない人もいます。ぜんぜん書かない人もいるかも（笑）。

Q メインの活動はなんですか？

「学校の予算じゃ足りないけど必要」っていう費用を、「資金集め（ファンドレイジング）」という活動で集めて寄付しています。

オープンスクールのときに、「今年はこういった遊具を買いたいので、◎ドル必要です。このうち△ドルは会費から出し、残りの△ドルを『資金集め』でカバーする予定です。ご協力ください」っていうふうに呼びかけるんですね。

最初から寄付するものがわかったうえでPTAに加入するので、なにを買うかでもめるってことは、ありません。

資金集めの活動は年に数回あって、モノを売ることが多いです。いろいろあるんですが、正直言って私は欲しいと思えないモノのほうが多い（笑）。

中学校のPTAは、「年会費を多く払うと、資金集めの活動を免除してもらえる」っていう選択肢があったので、私はそっちを選んでいました。

Q ほかにも予算の使いみちはありますか？

経済的に余裕がない家庭の子どもへのサービスを、PTA がカバーしていました。

以前、小学校で、参加費用がかかるイベントが３つ続いたことがあって、１か月の合計が月々の水道代並みの金額になったんです。

「これはキツいおうちもあるだろうな」って心配になって、「払えない家庭の子どもは参加できるのか？　私がかわりに払ってもいいですか？」って聞きに行ったら、「**そういった家庭のぶんは、PTA がカバーしているから大丈夫ですよ**」って言われたので、ほっとしました。

お話をうかがって

日本の PTA とはずいぶんやり方が違うことに驚きました。「子どものため」という本来の目的は同じなのですから、日本でもこのようなやり方を試してみてもいいのではないでしょうか。

お金の集め方に関するくふう

**集め方や管理のしかたも、
やり方しだいでラクにできます。
会費以外の資金調達法もあります。**

「自動引き落とし」と「手で集金」、どちらにする?

会費を集める場合、口座振替（自動引き落とし）にしてもらう方法と、手集金で回収する方法があります。

引き落としは、保護者にとって「集計の手間がかからない」のがメリットですが、PTA口座に入金されてから通知が来るまでタイムラグが生じる、引き落としの手数料がかかる、といったデメリットがあります。

一方、手集金だと、会計担当者の手間はかかりますが、すぐに集計ができる、手数料がかからない、といったメリットがあります。

一長一短なので、それぞれのPTAの状況にあわせて選択するとよいでしょう。

なお、どちらを選ぶにしても、全保護者に対する支払いの強制にならないよう、ご注意を。（▶189ページ）

口座は便利さと費用で選ぶ

引き落としにする場合、どこの銀行・支店で口座をつくるかによって、手数料や、会計担当者の手間が変わります。使い勝手のよい口座を開設しなおすこともできます。

イシゲスズコさん

ATMで1円単位まで入出金を管理できるので、ゆうちょ銀行に口座を変更しました。**毎回窓口に並ばなくてすむ**ので、ラクになりました。

活動でお金を集めるときのくふう

最近は減ってきているようですが、資源回収やバザーなどの活動で資金を集める方法もあります。資源回収をおこなう場合、回収による収益金のほかに、自治体から奨励金も出ます。

ただし、こういった活動は、保護者の労働力を前提とするものです。賛同者が少ないのに無理しておこなうと、みんなの〝やらされ感〟が増すので、注意が必要です。

大越拓也さん

ある保護者から「めんどうだから、古紙回収やバザーをやめてほしい」と言われました。PTAは子どものために活動しており、収益金はすべて子どもたちや、子どもたちが通う学校に還元している旨を**2時間かけて説明したところ、その後は率先して活動に参加してもらえるようになりました。**

助成金を活用する

ちょっと変わった方法ですが、PTA が地域に呼びかけて団体をつくり、助成金を受けたというケースもありました。

PTA も NPO（社会貢献活動をおこなう非営利団体）の一種だと考えれば、ほかにも新しい活動のしかたを見つけられそうです。

大越拓也さん

うちのPTA（釧路市立鳥取小学校PTA）が地域に呼びかけ、現代版の寺子屋（釧路鳥取てらこや）を立ち上げました。

以前、学校の補習授業を見学したとき、1桁の繰り上がりの足し算ができない3年生を見つけたんです。学校では対応しきれなかったため、「それなら地域でなんとかせねば!」と思い、**地域の有志（PTA・教師・町内会・民生委員・保護司・医師・弁護士など）で協力して、〝寺子屋〟を始めたんです。**

毎週土曜日の午前中、地域の集会所で、子どもたちの学習をサポートする取り組みをおこなっています。

今年度は〝早寝早起き朝ごはん全国協議会〟の土曜朝塾支援事業として支援を受けることになりました。この活動をとおして、PTA活動の支援もおこなっています。

お金の使い方に関するくふう

会員から集めた貴重なお金を
できるだけ無駄なく使うための
くふうを紹介します。

備品の重複を避ける

PTA は年度ごとに、さまざまな人が入れ替わりでかかわるため、備品が重複購入されてしまうこともあります。共有管理すると、無駄を省けます。

役員のなかで担当者を決めて、**現在どんな備品があるのか把握し、新しいものを買うときにチェック**してはどうでしょうか。一度やっておくと、翌年度からはとてもラクになります。

ていーこさん

それぞれの委員会が同じ備品をたくさん抱えていたので、管理者を決めて**〝どこになにがある〟という表示**をつくってもらいました。それからは重複購入を避けられるようになりました。

棚の中がカオスで、なにがあるのかさっぱりわからなかったので、まずは役員みんなで大掃除&整頓をしました。

よしださん

安いところから買う

できるだけ安く買うことも、会計担当者の使命のひとつです。買いたい商品が決まっているときは、「価格.com」などで検索して、どのくらいが相場かをたしかめると安心です。同じものを複数注文する場合は、いくつかの店で見積もりをとると比較できて、安く買えます。

ただし、**安いものを探すのに手間をかけすぎると、時間と労力のロス**になります。極端に大きな金額差でなければ、手間が少ないほうを選んだほうがよいかもしれません。

買うか、リースするか

印刷機やコピー機を「購入するか／リースにするか」については、多くのPTAが迷うようです。購入やレンタルの価格だけでなく、メンテナンスの手間や費用、使用頻度なども考慮に入れて比較検討してはどうでしょうか。

てぃーこさん

保有していた印刷機をリースに変更しました。大きな備品購入の決裁をするのは、役員にとって心理的負担になるので、リース更新で、**負担を分散するほうを選びました。**

複数年度で計画を立てて買う

単年度の予算で安いものを買うより、**複数年度で計画を立てて高い品を買ったほうが、長く使えて結果的に安くつく**こともあります。「○○用積立金」などといった費目をつくり、次年度以降に引き継いでいくのがポイントです。

川島高之さん

部活動にPTA予算をつけるときは、まず顧問の先生たちに必要な備品をすべてリストアップしてもらい、つぎにそれを〝急ぎのもの〟〝来年でいいもの〟〝再来年でいいもの〟に分けてもらいました。

単年度で考えると、予算がつかないものはそれきりで、オール・オア・ナッシングになってしまいますが、**複数年度で計画を立てれば、どの部にも順ぐりに予算をつけられます。**

PTA専用パソコンの購入費用として、毎年5万円ずつプールすることにしました。だいたい4～5年に一度は壊れて買い換えることになると思うので、備えておくと安心です。

よしださん

教育は公費で。「寄付は任意」が大原則

多くのPTAは、会員から集めた会費や資源回収の収益金などを使って、学校に必要な備品を買ったり、施設の修繕費用を出したりしています。このような、PTAから学校への「寄付」は、戦前の「学校後援会」のころからおこなわれています。

今回、会費の金額についてアンケートをとったところ（➡108ページ）、PTAによってだいぶ違いがあることがわかりました。この差は、「寄付」によって生じている面もありそうです。

たとえば、東京都のPTAは他の都道府県にくらべ、会費が安めです。これは1960～70年代、東京都の教育委員会が「寄付」を受けとらない方針を打ちだしたためかもしれません。

こういった学校への「寄付」については、当然と考える人もいれば、PTAでおこなうべきではないと考える人もいて、意見が分かれます。

問題のひとつは、**「学校教育に必要な最低限の費用は自治体が負担する」という原則**があるので、その部分をPTA予算でまかなってはいけないという点です。「最低限以外の部分」であれば、PTAが寄付しても問題ないはずですが、「最低限のものかどうか」という線引きは、なかなかむずかしいでしょう。

もうひとつの問題は、現状では多くのPTAが自動加入（強制加入）になっているため、**寄付を強制される人が生じてしまう**という点です。

もしPTAが原則どおり任意加入になっていれば、寄付をしたくない人は加入しなければいいので、寄付の強制は起こりえません。

（▶109ページ・アメリカのPTAの話／▶195ページ・木村草太さんのお話）

PTAで寄付をおこなう場合は、金額がふくらみすぎないように注意しましょう。子どもたちの教育に必要な費用は、本来、**〝社会全体で負担〟**するべきものです。もしそれが自治体で定められた「教育に必要な最低限の費用」にあたらなかったとしても、PTA予算という**〝保護者だけの負担〟**でまかなう部分は、できるだけ低くおさえるべきではないでしょうか。

もし学校予算が大幅に不足する場合には、**安易にPTA予算を使うのではなく、まずは予算額を増やす**よう、有権者として議会や議員に働きかけるのがスジではないかと思います。

繰越金が悩みになるときは

予算の「繰越金」に頭を悩ませるPTAは多いようです。

本来、余った予算は会員に返すべきですが、会員数で割ると**1人あたりの金額はとても小さくなるうえ、返金には膨大な手間**がかかります。

そのため「繰越金」として予算を残すか、あるいはなにかしら用途を生みだしてその年度で使いきる、という二択になるようです。

ですが、無理に使いきろうとすると、どうしても「要らないもの」を買うことになりがちです。よくあるのは、記念品を配って会員に還元するという方法ですが、会員に喜ばれたという話は、残念ながら、めったに聞きません。

余った予算が少額であれば、なにか用途を決めて、「積立金」として残してはどうでしょうか。

毎年お金が余る場合や、繰越金がすでにたくさんたまっている場合には、会費を下げればいいのです。

Column

青木さん

繰越金をその年度のうちに使って**払った人に還元する**か、次年度に繰り越して**学校のために使う**（寄付する）か、役員のなかでも意見が分かれます。

Kさん

生徒数の増加が見込まれているので、今後は繰越金の消化に苦労するかもしれません。

大越拓也さん

繰越金が増えていますが、4年後の創立130周年記念に備えて積み立てています。

湖岸のAさん

繰越金が多かったので、ほぼ全額を使って、**酷暑対策（扇風機の購入）に使用**しました。

Tさん

台風で校門前の銅像が倒壊したとき、たまっていた繰越金で直しました。

Cさん

いままでもらったなかで唯一よかった記念品は、名前のシャチハタがついたボールペンです。校名入りのマグカップはすぐ捨てました。そんなもの配るより、図書室の本でも買ってあげてほしいです。

なにに使うかを決めるときのくふう

**みんなが納得する予算の
使い方をするには?
聞き取り・計画・公開がポイントです。**

なにを買うか、アンケートをとる

予算が大きいとき、なにを買うかみんなで話しあって決めようとすると、時間が長くかかりがちです。

意見がまとまらない場合は、アンケートをとると早く決まります。一度目はランダムに品名をあげてもらい、**いくつかの候補にしぼってから再度アンケートをとる**と、スムーズです。

川島高之さん

毎年、古紙回収の収益金でなにを買うかを決めるのに、ものすごく時間がかかっていたんです。

それで、年度のはじめと終わりに、保護者全員にアンケートとって、欲しいものを挙げてもらうことにしました。そうすると、〝冷水機〟とか〝図書室の本棚〟とかいろんな案が出るので、そのなかでもう一度アンケートをとって、**票が多く集まったものから採用**することにしました。

先生に委ねる

学校や部活動の備品を買うときは、先生に配分を決めてもらうのも一案です。ほかの予算と同様、なににいくら使ったか一般会員にもわかるよう、きちんと報告をおこないましょう。

川島高之さん

部活動にまわすお金の配分は、先生方に委ねました。役員だって本音を言えば、自分の子どもが所属している部に多くお金を使いたいですよね。でも、それはできないので、**保護者同士だとかえって配分を決められないことがあるん**です。そこは、先生に決めてもらったほうが早いです。

決裁や報告のルールを決めておく

買うものの金額によって、「だれが承認するか」「どこまで会員に報告するか」といった決裁や報告のルールを決めておくと、公平かつスムーズに、買うものを決められます。

10万円以上の支出をするときは常任理事会（運営委員会）をとおしますが、10万円未満のものは、会長（本部）決裁で購入します。予算書にない費用の支出は、常任理事会で報告するとともに〝常任理事会だより（議事録）〟で各保護者に報告します。**保護者から徴収した大切な会費ですから、少しでも不透明な部分があってはいけない**と思います。

荻原聡彦さん

PTA特別予算の決裁ルールの例

1、支出の承認プロセス

区分	方針の確定		
	役員内	実行委員会	一般保護者
	方針の承認	方針の承認	開示と意見
大	○	○	○
中			
小			
微			

大…20万円以上
中…10万円以上20万円未満
小…3万円以上10万円未満
微…3万円未満

区分	実行の確定				実行後	
	役員内		実行委員会		一般保護者	
	事後報告	事前承認	事後報告	事前承認	支出の開示	結果報告
大		○		○	○	○
中		○		○	○	○
小		○	○		○	
微	○					

*緊急の場合やその他例外時については、上記プロセスを経ないで進めることも有りとする

川島高之さん（▶66ページ）が作成したPTA特別予算の決裁ルール。購入金額を4つの区分に分け、予算の確定から実行、報告までのプロセスを決めてあるので、毎回あれこれ迷わずにすみます。

Column

会計報告は、明細をわかりやすく

PTA は法人ではないので、会計報告に関する法的な義務はありません。なににお金を使ったかということを、どんなかたちで会員に報告するかは、それぞれの PTA 次第です。

そのため、まれな話ではありますが、(会計担当者による)「使い込み」という問題が起きてしまうことがあります。このようなことがないよう、予算の管理については、きちんとチェックできる体制をととのえておきましょう。**会計担当者はふたり以上置くこと、帳簿にしっかりと記録を残すこと**が原則です。

そして**会計報告は、できるだけオープンに。**

使用用途の詳細は、総会で質問された場合にだけ発表するという PTA が多いようですが、本来は総会に出られない人にも知らせるべきことです。すべての会員に、わかりやすい明細を配布できるとベストでしょう。

湖岸のAさん

いつも総会資料として配布する決算書では、どのような活動にいくら使ったのかといった詳細がわからなかったので、それまでよりも詳しい内容を添えた**明細書を作成し、全会員に配付**しました(次見開き)。さらに予算書にも明細を添えました。

決算明細書の例

収入の部

項　目	本年度決算額	決算額内訳
PTA 会費	1,006,500	704,250
		233,250
		69,000
補助金	0	0
雑収入	1,252	229
		1,023
繰越金	735,200	735,200
収入合計	1,742,952	1,742,952

支出の部

恒常的な運営費と、事業ごとの費目を分けて見られるようにしています。

	項　目	本年度決算額	決算額内訳
運営費	分担費	63,650	63,650
	傷害保険	27,710	27,710
	会議・出張費	55,468	3,000
			5,876
			13,814
			14,387
			18,391
	備品費	10,940	10,940
	消耗品費	43,983	29,600
			14,383
	慶弔費	0	0
	小計	201,751	201,751
事業費	大会参加費	15,540	15,540
	学年活動費	36,680	36,680
	サークル活動費	20,000	20,000
	環境整備協力費	39,070	39,070
	行事費	106,340	64,948
			31,392
			10,000
	卒業記念費	285,205	61,200
			112,200
			111,805
	小計	502,835	502,835
特別事業費		493,044	100,525
			196,364
			100,525
			95,630
予備費		150,000	150,000
支出合計		1,347,630	1,347,630
今年度剰余金		395,322	395,322

繰越金を特別事業費として支出して消化しています。
（◯120ページ）

（特別会計）

◆周年積立金勘定明細	周年積立金（繰越）	0
	周年積立金（今年度）	150,000
	周年積立金（合計額）	150,000

(単位：円)

備　考
250円 ×313P×9か月分
250円 ×311P×3か月分
250円 ×23T×12か月分
受取利息
学区バレーボール大会清算金
前年度より繰越

Pは保護者(parent)、Tは教職員(teacher)を指しています。

備　考
県P. 市P（70円+120円）×335（P-312，T-23）
PTA安全会会費　85円 ×326（P-312，T-14）
南部ブロック会議分担金
市P・ブロック等会議参加交通費弁済
懇親会
コーヒー・紅茶、紙コップ等
最終運営委員会お菓子代等
運営委員会用電気ポット（2個）購入
輪転機用紙代。年度末学校に一括支払
ファイル、プリンターインク代など
市Pバレーボール大会、体育館照明代等
茶話会（1，2年生）及び3年広報誌
サークル申請2件
肥料・花苗代
研修会（フラワーアレンジメント）
スポフェス模擬店負担金及び、氷柱など
模擬店協力金として、生徒会へ1万円
証書フォルダー
記念品（電波時計）
花鉢、コサージュ、花かご
×××× 扇風機4台並びに ××××
図書及び書架（設置は教職員）
音響設備（学園祭等充実支援）
パイプ椅子（50脚）
今年度分は3カ年分を積み立て（5万円 × 3）
次年度繰越金

収入・支出ともに計算明細があると、次年度予算も立てやすそうです。

品目の明細があると、その活動を知らない人にも納得しやすくなります。

ある公立中学校PTAの決算明細書

Column

PTAで人を雇うのもアリ

「せめて、時給が欲しい！」

取材中、役員をしているあるお母さんから、こんな悲鳴のような声を聞きました。**あまりにも仕事が多く、タダ働きに限界を感じた**のでしょう。

たとえば、役員の仕事に報酬を出すということも、考えてよいのではないでしょうか。PTA というと「無償労働」のイメージが強いですが、NPO であれば職員に給料を払うのは、ふつうのことです。PTA が本部役員に給料を払っても、おかしくはないはずです。

（➡ 195 ページ）

PTA 活動を、人を雇っておこなうことだって可能です。たとえば、夏休みのプールの監視員など、お金が出るならやってもいいという保護者がいたら、有償でお願いするのもアリでしょう。

ただし、PTA 予算から人件費を出す場合、「そこまでして継続する必要がある活動なのかどうか」という点は、よく検討しましょう。「例年どおり」だけが目的化した無駄な活動に、会員から集めただいじなお金を使うことはありません。

また、たとえばPTA 予算で司書の先生を雇用するなど、学校教育に直接かかわる費用を負担することは違法なので、ご注意を。

4

先生はPTAをどう考えている？

こんなPTAになっていませんか？

- □ 最初の委員選びに先生が苦労している
- □ 学校に電話しても先生がつかまらない
- □ 先生がPTAを敬遠している

ラクにしていくためのチェックポイント

- □ 新年度の役員選びは、保護者の司会で進める
- □ 地域・学校間のクッション役を担う
- □ なにが負担かを先生と本音で話しあう

先生の負担を減らすくふう

**PTA活動に〝負担感〟を抱きがちなのは、
先生たちもいっしょです。気持ちよい協力関係を
つくるには、おたがいの仕事の実際を知ることから。**

先生がラクになれば、子どもへのプラスになる

いまの先生たちは業務が多く、とても多忙です。授業の準備にかける時間や、子どもたちと向きあう時間が足りないことに悩む先生も少なくありません。

PTAがうまくサポートできれば、**先生たちはもっと授業や子どものことに集中できるように**なり、結果、子どもたちの利益に還元できます。

せめてPTA活動をおこなう際は、先生たちに無駄な負担がかからないようにしたいところです。

川島高之さん

PTAの役員が、先生方の負担を減らすことを心がけていると、先生方も圧倒的に協力してくれます。それは結局、子どものためになるわけです。

学校の先生たちも、仕事が増える一方なんですね。保護者のほうから「それ、やらなくていいですよ」って言ってあげないと、やめにくいことはあるんじゃないでしょうか。

よしださん

「委員決め」は先生もツライ

とくに新学期は、先生たちは大忙しの時期です。たとえば、4月の保護者会でおこなうPTAの委員決めは、保護者が主導しておこなっているPTAもあります。

アワタさん

うちのところはいつも、**前年度に学級委員をやっていたお母さんが司会を**やります。その組にいないときは、役員さんが来てくれます。よそのPTAも、みんなそうかと思ってました。

タイミング調整で配布物を効果的に

新学期は、PTAからも学校からも、たくさんの配布物があります。一度に配る手紙の枚数が多いと、保護者が読み落とすリスクが高まるので、先生と相談して、PTAの手紙を配るタイミングを調整しましょう。

とくに新入生はお手紙が多いので、1年生の学年主任の先生から「この日はできればやめてほしい」という日を教えてもらい、**PTAの手紙を配る日をずらすこ**ともあります。

林田香織さん

休日出勤の強要になっている!?

土日・祝日など、休みの日にPTAのイベントをおこなう際は、なるべく先生たちには休んでもらうよう、伝えてはどうでしょうか。先生たちにも自分の生活があります。わが子のPTA活動があれば、そちらに参加したいでしょう。

もちろん、**自分から「参加したい」と言ってくれる先生には、ありがたく参加してもらえばいい**ですが、保護者に対するのと同様、参加の強制は避けなければなりません。

A先生
公立小学校

私にも子どもがいるので、**土日くらいは自分の家族のために時間を使いたい**です。でも「PTAのお祭りだから」といって、とくに若い先生たちには、上（校長や教頭）から動員がかかるので、休日出勤せざるをえません。正直言って、勘弁してほしいです。

PTAが盛んなのはいいですが、**学校行事のスケジュールとぶつかったり、「先生たちもやってよ」になってきちゃうと正直困る。**土日は先生たちだって休みたいですよ、自分の家庭もあるわけだから。

F校長
公立小学校

たまに、若い先生に声かけして出てもらうこともあるけど、そういうときは、あとでお昼を（校長がポケットマネーで）ごちそうしたりしてね……。**いろいろ、大変なんですよ!（笑）**

そのイベント、授業に使えるかも

平日の日中にPTAのイベントをおこなうのであれば、授業と合同して開催することができるか、先生と相談してみましょう。最近は授業時間数の確保に苦労している学校が多いので、歓迎される場合があります。

八武崎秀紀さん

親子ドッジボール大会は、いつも学級ごとに先生と相談して「○曜日の何時間目にやる」と決めていたんですが、これだと授業時間数が減ってしまうので、先生は困っていたんですね。

それで、**この大会と体育の授業を合体**させました。PTAの予算もつけられるから、終わったあと、みんなでうどんを食べたりして、盛りあがりましたよ。

とはいえ、学校に協力するために、もともとPTAとしてやりたかったことができなくなってしまうような場合には、無理に合同にしないのが吉です。

授業時間を確保するために、学校でやっていたお祭りに、PTAのお祭りを吸収させたんです。そうしたら、いままでPTAのお祭りでやっていた、**食べ物の模擬店を出せなくなっちゃったので、子どもたちには不評**でした（苦笑）。結局また、お祭りは別々にやるようになりました。

B先生
公立小学校

先生にも楽しんでもらう

保護者と同様、先生たちも、PTA 活動に対して「いやなもの」というイメージが強かったり、どんな活動をしているかよくわからなかったりするために、遠巻きにしている面もあるようです。

どうしても先生の協力が必要な事柄については、活動の意義をきちんと伝えつつ、できるだけ**楽しめるような雰囲気づくり**を心がけてはどうでしょうか。

林田香織さん

先生たちも、もっとPTAを活用してくれたらいいのに、と思います。

一般の教員にとって、実際のところ、PTAってなにをしているのかよくわからないんですよ。だから「本当に必要なのかな?」って思われがちな部分もあるんじゃないでしょうか。教員に対しても、意義の説明が必要かもです。

C先生
公立小学校・高校

よしださん

なかにはPTAを〝学校への圧力団体〟としか思ってない先生もいますが、協力して気持ちよく活動したいんだってことを、わかってもらうように努力中です。

Column

PTAの「T」問題

「PTAは先生と保護者の会（Parents Teacher Association）なんだから、先生たちも、もっと活動に参加すべきだ」という声があります。

ですが、PTAというのは実際のところ、保護者が活動するためにあるので、先生たちに保護者と同レベルでの活動を求めるのは、ちょっと違うのでは、と思います。

先生たちは、仕事そのものが〝子どもたちのための活動〟です。勤務時間外に子どもたちのための活動をするのは、保護者にとっては〝やりたいこと〟であっても、先生たちにとっては、〝ただの残業〟でしょう。

Part 2で取り上げた「PTA活動のメリット」も、あくまで保護者にとってのものであり、先生にとってのものではありません。

さらに、管理職以外の先生たちは、PTAの運営方法に異議があっても意見することはむずかしいので、保護者が決めたことにただ一方的に従うしかありません。

先生たちはPTAに関して、**保護者と立場が異なる**のです。

先生たちには無理に活動への参加を求めず、あくまで本人の意思で参加してもらうのがよいのでは？　会費についても、先生や学校職員（給食や事務のスタッフ）にまで支払いを求めなくてもよいのでは？　と思うのですが、みなさんはどう思われるでしょうか。

学校と「○○」のあいだに入るくふう

**地域の人たちや、保護者との関係において
PTAがクッション機能を果たすことで、
学校運営を助けられます。**

地域の重鎮の対応をする

PTAには、地域と学校の橋渡しをする役割もあります。Part2の「地域との関係におけるくふう」（94ページ）でもとりあげたように、うまく両者のあいだに入り、コミュニケーションを良好に保てれば、先生たちをサポートできます。

八武崎秀紀さん

卒業式で、校長先生が来賓の紹介をするとき、名前を呼ぶ順番を間違えると怒るオヤジっているじゃないですか。**だから始まるまえに言っちゃうんです。**

「そういや、隣の学校で〝紹介の順序が違う〟って怒ったオヤジがいるんですよ、ちっちゃいっすよね!」とかね。そうすると**「あ、オレ言えない……」**とか思うじゃないですか（笑）。もう言わなくなりますよ。校長先生はホッとする。

学校への保護者の要望を聞く

学校には、保護者からさまざまな声が寄せられます。通常、学校に対する要望には学校が、PTA に対する要望には PTA が対応しますが、なかには「すべて PTA 役員が窓口となって、話を聞く」というところもありました。

「そこまでは手が回らない！」という人のほうが多いとは思いますが、もし余力があれば、やってみるのもアリでしょう。

「学校に意見がある人は、（PTA会長の）ぼくにどうぞ」って、全会員にアドレスを伝えました。学校の先生をこれ以上忙しくさせたら、子どもをみる時間がなくなっちゃうから、ぼくが**1次フィルターになることにした**んです。そうすれば、複数の意見をまとめて学校側に伝えることもできるし、**ワンクッションおくことで、学校になにか言おうとしていた人が、冷静になる**こともあります。

川島高之さん

ta-tanさん

学校へのクレームには、PTAは基本的に関与しない方針ですが、もしいたら、**その人に特別委員会をつくってもらい、主体的に動いてもらおう**と思っています。

学校（校長）が役員に「これ、どうしましょう」と意見を求めてきたときは、もちろんおこたえします。ふだんから意思疎通できていれば、どちらが窓口になってもよいのでは？

よしださん

先生から見たPTA活動

A先生
公立小学校

PTA活動って、保護者にとってはすごく負担なんじゃないかなって、すごく感じます。広報とか、ベルマーク活動とか、楽しんでやっているようには見えません。**私は正直、「やらなくてもいいんじゃないかな」って思います。**

私と同じように仕事をしている保護者が、必要なさそうな活動をやっていると、申しわけなさでいっぱいになります。でも、私が「やらなくていいですよ」って言うわけにもいかず、**「ありがとうございます」としか言えず、ジレンマがある**（苦笑）。

B先生
公立小学校

「そんなに負担ならやらなくてもいいのに」って思うこと（活動）がいろいろあります。活動の内容をほんとうに必要なものだけに、精選できないんですかね？

「先生もPTA活動に参加して」っていう声もありますけど、**申しわけないけど、私たちもそこまでキャパシティない**です。学校のなかだけで、やらなきゃいけないことが多すぎるので。

保護者は自分の子どもが通う学校のPTAしか知らないことが多いですが、先生は異動があっていろんなPTAを見ているから、PTAのやり方について、保護者よりもう少し柔軟に見られるのかも。同時に、**自分たちには（PTAのことを）何も変えられない、というあきらめもあります。**

C先生
公立小学校・高校

そんなにいやいややっても、自分のためにも、子どものためにも、教員のためにもならないのになぁ、って思います。
学校によって、保護者の雰囲気も違うので、PTAがやれる活動とか、やりやすい活動っていうのも違ってきますよね。だから**「その学校の保護者がどういうことをやりたいか」で、活動を決めていくのがいいんじゃ**ないですかね。

〝惰性〟と〝やらなくちゃ〟の義務感でやるから、へんな方向に向かうんじゃないでしょうか。「お金（予算）があるから、今年もなにかしなくちゃ」とかね。

PTAには、**学校というものがもっている〝ある種の権力〟を見張るような役割もあるのでは？**　教員が生徒に対して評価や指導をおこなうっていう部分を、一方的じゃなくするため。

F校長
公立小学校

学校の本音ですか？　そりゃ、**「PTAはお金だけ出して、あとは黙っててほしい」**ですよ、はっきり言えばね！（笑）　でも、お金を出す以上は、いろいろあってもいい。それは当然なんですけど。

G元校長
公立小学校

ものごとによっては〝PTAとして〟動いてもらうより、**〝ひとりの保護者として〟**とか**〝保護者有志として〟**やってもらえるほうがありがたい場合もあります。

道理にあわない苦情への対応

過度な要求や、道理にあわない苦情を寄せてくる保護者、いわゆる〝モンスター・ペアレンツ〟への対応に、頭を悩ませる学校は多いようです。

PTAは、このような保護者への対応にかかわるべきなのでしょうか？　それぞれの学校やPTAで、どのように対応をおこなっているのか、聞かせてもらった声を紹介します。

Yさん
PTA会長

いわゆる〝モンスター・ペアレンツ〟の対応に学校が苦慮して、こっそりと、会長のぼくに相談してきたことがあります。その保護者が一目置いている先輩をとおして注意してもらったところ、**トラブルはすぐに収まりました。**

G元校長
公立小学校

話の内容によっては、**PTAの人に言うと、〝個人情報の漏洩〟になっちゃう**ので、いまはなかなか話せません。

F校長
公立小学校

むかしだったら、それこそ学級長さんなんかが「まぁまぁ、私が話してみるから、先生ちょっと待ってね！」なんて言ってくれることもありましたけど、いまは無理でしょう。**みんな横並びだから、ほかの保護者に対して、ああだこうだ言えませんよ。**

Column

B先生
公立小学校

わざとではなく、授業をちゃんと受けられないお子さんがいたんです。そうしたら同じクラスの保護者が、「その子をほかの学校に行かせろ」って署名活動を始めちゃったんです。
そのときは、**たまたま学校に来ていたPTA役員のお母さんたちが気づいて**、署名活動を止めに入ってくれたので助かりました。でも、もしこのお母さんたちが〝PTAとして〟あいだに入っていたら、かえってややこしいことになっていたかも。

F校長
公立小学校

われわれだって、ほんとに忙しいんですよ。でも、わかってくれない親御さんもいます。**先生たちの勤務時間、どうして考えてくれないのかなぁ〜**。「そこまでできませんよ」って言いたいけど、「子どものためでしょ」って言われると、先生は負けちゃうんですよ（苦笑）。

E先生
公立小学校

たま〜に無理なことをおっしゃってくる親御さんもいますけれど、そういう方はだいたい、**自分のお子さんのことしか見えていない**ですよね。学校の運営とか、PTAのこととか、大きなことに苦情を言ってくることは、少ないと思います。

Column

「負担です」と先生が言えない理由

先生たちに取材をするなかで、**保護者と先生が本音で話しあえていないな、**と感じることがたびたびありました。

たとえば、ある学校行事が、先生たちにとって大きな負担となっていて、先生たちは内心、その行事を「やめたい」と思っているけれど、それを保護者に言えないでいるとか、あるいは保護者にそれを言ったら反対された、といった話はよくあります。

なかでも気になったのは、（その行事が）先生にとって負担となっているというほんとうの理由を隠し、ほかの理由を挙げて、保護者に「やめたい」と説明しているケースが多いことです。

先生たちとしては、**「自分たちの負担が大きい」と言ってしまうと、「子どものためのことなのに、けしからん！」と言ってくる保護者がいる**ため、ほかの理由を出さざるをえないようですが、別の理由を出されてしまうと、多くの保護者は「え、なんでそんな理由で ??」と不信感を抱いてしまいます。

実際、非協力的な保護者もなかにはいますが、**先生の負担を減らしたいと思っている保護者だって、たくさんいるはず**です。

保護者と先生がもっと腹を割って話しあえたら、いろんなことで協力しあえるのではないかな、と感じました。

5

個々の活動をラクにするくふう

こんなPTAになっていませんか？

- □ 総会がたんなるセレモニーとなっている
- □ 総会に人が来ない
- □ 委員・係の業務に手がかかる
- □ クラス懇親会が義務化している

ラクにしていくためのチェックポイント

- □ イベントに〝おトク〟〝楽しみ〟をプラス
- □ 無理の多い行事・企画はとりやめも
- □ 活動は１年単位で考える

総会に関するくふう

発見も質問も議論もない総会なら、
いっそやめちゃう？
どんな会なら意味がある？

風通しよい集まりにするには、「あいさつ」から変えては

総会はどうも堅苦しいものになりがちです。気楽な雰囲気でおこなったほうが**みんな楽しいし、発言もしやすくなる**でしょう。

保護者も先生も平服で出席してもらい、かしこまったあいさつを省くだけでも、だいぶよくなるはずです。

川島高之さん

「ただいまより第○回、◎×小学校PTA総会を始めさせていただきます。本日、司会を務めさせていただきますのは…」なんて堅苦しいあいさつはナシです。「これから始めます、みなさんお気軽に発言してください、私もミスしまくりますから」でいい。そのほうが**出席者も増えるし、役員の精神的負担も減ります**から。

もっとゆるい雰囲気でやれればいいのにな、っていつも思います。**総会のあとの歓送迎会といっしょにし**て、飲んだり食べたりしながらやったら**楽しいし、早く終わる**のでは？

A先生
公立小学校

「おまけ」で楽しくする

「お菓子」や「お下がりの制服」など、「おまけ」で人を集めるのも手です。こういった方法は、PTAではなんとなくタブー視されがちですが、もっと活用されてもよいのでは。

八武崎秀紀さん

総会のあとの歓送迎会は、**おいしいスイーツがいっぱい集まってくるから、それが楽しみで来る人も多かった**です（笑）。保護者だけで200人は来てました。

総会のあと、〝**制服リサイクルバザー**〟があるので、いつもかなり人が集まります。

Qさん

日時を変える

総会は平日の日中におこなわれることが多いですが、これでは人が集まりません。休日または平日の夜におこなって、先生たちには委任状を出してもらうのはどうでしょうか。

あるいは、**学習参観を土曜日に設定してもらい、同じ日に総会**をおこなえば、保護者も先生も参加しやすくなります。

いっそペーパー総会にしてしまう

総会を開くのをやめて、書類の提出で代替する方法（ペーパー総会）もあります。議案（具体的な議決事項）を書いた用紙を会員に配布し、賛否を記入のうえ署名・提出してもらうことで、承認をおこないます。

体育館の都合で総会をおこなえないときや、いつもかたちだけの総会をおこなっている場合は、このようなやり方に変えてもいいかもしれません。

質疑応答をおこなえないかわりに、**よりオープンな運営を心がける**のがベターです。保護者から意見や質問があった際は、役員の回答とあわせてPTAだよりに掲載するなど、事後の公開を積極的にすると、信頼感が高まります。

シラカバさん

息子が通う中学のPTAは、いつも〝署名総会〟です。用紙に質問を書く欄はあるけど、総会のようにその場で答えてもらうことはできないので、なにをしているのかよくわかりません。**集まらなくてすむので、ラクではあります。**

以前は、総会の案内は1枚ペラで、日時・場所・議題と切りとり式の委任状しか載っていませんでした。そこで、議題だけでなく**全議案（審議の内容）を冊子で全会員に配布**したうえで、委任状をとるかたちに変更しました。本来のあり方に一歩近づいたと思います。

湖岸のAさん

安全面に関するくふう

子どもたちを守るために、
保護者や地域ができるのは、どんなこと？
無理のない範囲で探ってはいかが。

見守りは無理のない範囲で

登下校時の見守り（旗振り）を、当番制にする方法もあります。

できるだけ無駄をなくすため、同じ場所・同じ日時に、大勢の人を集めるのではなく、いろんな場所に、日時をずらして、少人数ずつ立てるようにしましょう。その際、できるだけ**参加者の家に近い場所の当番をわりふると、負担を減らせます。**

穴が空いてどうしても困るような仕事ではないので、当日来なかった人をチェックして追及する必要はありません。意味のない仕事が増えるだけです。

Zさん

小さい子を連れてくるとかえって危ないので、下のお子さんがいる人には、ほかの（見守り以外の）仕事をしてもらってます。

地域の協力を得る

地域によっては、子どもたちの見守りを、PTAではなく自治会がメインでおこなうところや、PTAと自治会の共同でおこなうところもあります。

PTA（保護者）だけでやろうとするのは大変なので、可能であればぜひ、地域の人たちにも協力してもらいたいところです。

地域の人たちに、校長先生といっしょにお願いしてみるのもよいでしょう（「地域との関係におけるくふう」➡94ページ）。

林田香織さん

ずいぶんまえですが、校長先生が地域のおじいちゃん・おばあちゃんたちに、**「お散歩の時間帯を、早朝じゃなくて、子どもたちの登下校のときにずらしてもらえませんか？」**って頼んでくださったそうなんです。それでお散歩の時間を変えてくれた人たちが、「子どもたちの見守りをしないと危ない」って気づいて、見守りをしてくれるようになりました。

地域の防犯マップをつくるときや、〝子ども110番の家〟をお願いするときは、地区別懇談会（校長・PTA・自治会長などの集まり）のときに情報提供してもらいます。

小池信一郎さん

山下由紀子さん

このあたりでは、PTAではなく町内会が旗振りを担当しているので、たとえば「子どもはA小学校に通っているけれど、町内会の区割りによって、親はB小学校の前で旗振り当番をする」なんてことがあります。

危険な箇所の改善要望を出す

PTAで通学路の安全を確認し、問題があれば行政（警察）に改善要望を出すこともできます。予算がかからない内容であれば、わりあいすぐ対応してもらえるようです。

猫紫紺さん

> 通学路の危険箇所などの改善要望は、校外安全委員会が意見を集約して、**校長先生と委員長の連名の文書で自治体に要望**しています。実際に、状況が改善されました。

災害への備え

東日本大震災以降、**地震や津波に備えるPTA**も増えてきました。

たとえば、青森県の八戸市立小中野小学校PTAでは、避難所の開設経験をもとに、毛布や非常用ストーブ、ろうそく、車椅子、発電機、ラジオ、非常食と飲料水などを備蓄したそうです。（➡204ページ『PTA実践事例集（27）』より）

学校や自治会と、どんな備えが可能か、相談してみるのもいいと思います。

> うちの学校は駅から近いので、東日本大震災のときは、帰宅困難の人が体育館にたくさん集まりました。またそういうことが起きるかもしれないので、PTA予算で、避難者が1～2晩すごせるくらいの水と食料を買いました。

Rさん

イベントは参加者みんなでつくる

**運動会などのイベントは、
はじめての人も活動に参加できるチャンス。
軽い仕事から協力してもらいましょう。**

参加者も役員も楽しめる企画を

運動会の後片付けなど、作業のために人手がたくさん必要なときは、できるだけ参加者の負担が少ないかたちで、かつ楽しさをアピールしつつ、参加を呼びかけましょう。

逆に、人が来なくて**動員が求められるような講演会などは、企画しない**ことです。無理に人を呼ぶ必要は、なにもありません。

千葉哲也さん

運動会の後片付けは、閉会式のまえに放送を流して、保護者全体に協力を要請します。

役員が義務的にしか来ないような講演会を無理して開催しても、意味ありますか？　面白くて有意義で人が集まるようなイベントは、いくらでもあると思います。

川島高之さん

小池信一郎さん

イベントの際、保護者の集まりが悪かったので、落語家に防犯落語をやってもらって関心を集めました。

Column

緊急時のメール配信

最近は、「緊急時のメール配信」をおこなうPTAが増えています。学校近隣の犯罪情報や、運動会の雨天延期など、**保護者全体に急ぎの情報を届けたいときに、便利**です。

取材したところ、「まちcomi」というメール配信サービスを利用するPTAが多数ありました。(http://mail.machicomi.jp/)

「まちcomi」を利用するには、まずPTA(または学校など)が利用登録をおこないます。各ユーザー(保護者)は、PTAから指示があったアドレス宛に空メールを送り、返信に記載されたURLに接続して必要情報を登録すれば、手続きは完了です。

なお、各ユーザーの登録情報は、PTAもサービス提供会社も閲覧できないしくみになっています。

メールは携帯電話からでも配信することができ、学年やグループごとに異なった内容を一斉送信することもできます。

現状では、緊急時にのみ一般会員へのメール配信をおこなっているPTAが多いようですが、今後はPTAや学校で配布する大量の手紙類も、可能なものはメールでの連絡に切り替えてよいのではないでしょうか。紙をだいぶ節約できます。

学級懇親会のくふう

義務化すると気が重いけど、
やってみると収穫も感じるクラスの懇親会。
もっと気楽に開いてもいいのかも？

懇親会は任意参加で

クラスごとの懇親会は、以前は〝PTA活動のメイン〟とまで言われていましたが、いまはやらないことが多いようです。

ですが、**「やってみると、意外と楽しくて盛りあがる」**という声も聞きます。もしだれか音頭をとる人がいれば、やってみてもいいかもしれません。

手紙で参加を呼びかける際は、〝義務〟とならないように注意して、自分から参加を希望した人だけでおこなうのがお約束です。

担任の先生にも参加してもらえると面白いですが、いまは忙しい先生も多いので無理強いせず、保護者と同様、先生がみずから希望した場合のみ、参加してもらいましょう。

砂田さん

ファミレスでのお茶会を企画しました。ドリンクバー代は参加者各自の負担でした。**予算がつくと「やらなきゃ」になりやすいから、**自腹でいいと思います。

「時間」を複数設定する方法も

参加者が少ない場合は、時間帯を見直すのがよさそうです。

かつては平日の日中におこなうのがスタンダードでしたが、いまは「夜なら参加できる」という保護者も増えています。希望の日時がまとまらなければ、2回に分けておこなう方法もあります。

上坂由香さん

会員の親睦を深めたり、情報を交換したりするのに、懇親会はだいじだと思うので、時間帯を2つ設けました。いつもは学校の教室を使って、**昼間に茶話会**をしてきたんですが、このほかに、**夜のお弁当会**もやるようにしました。

A.Nさん

いつも、ファミレスで平日ランチするのがお決まりだったんですが、学級長の私も含め、フルタイム勤務の人が多かったので、思いきって**夜の飲み会に変えてみたら、いつもの倍くらい人が集まりました。**

木村さん

学年が上がるにつれて、親睦ランチの出席者が減ってきたので、**学年全体のランチ会にしたら出席率が上がりました。**

書記の仕事におけるくふう

**議事録が長くなると作成は大変だし、
さらには「だれも読まない」という悲劇！
要領よくまとめるコツは？**

議事録をつくるときのくふう

PTAによりますが、書記の人は、運営委員会の議事録の作成・配布という仕事を担当することがあります。

議事録をつくる際は、できるだけ要点をまとめましょう。一字一句正確に載せようとすると膨大な手間がかかりますし、**あまり長い議事録だと、みんな読んでくれません。**

慣れないうちは手間どるかもしれませんが、うまく手を抜くコツをつかみましょう。

猫紫紺さん

毎回、会議を録音して、文字に起こしていましたが、**余分な話も多いので、要点だけをまとめる**ことにしました。それでも労力がかかるので、会議で話す内容を**事前に原稿で用意している人からは、原稿をもらう**ようにしました。

印刷・配布をラクにするくふう

議事録は、用紙の使い方をくふうすると、印刷から配布までの手間を最小限にできます。

文章量が多い場合には、**用紙の両面に印刷**したり、文字を小さくしたときは、**2段組み**にしたりすると読みやすくなります。

友口乃莉子さん

議事録は、**なんとしても用紙1枚でおさまるように、内容を抜粋してまとめました。**2枚以上になると、ホチキス留めやソート（1枚目、2枚目、と順に組み合わせる作業）をしたり、クラスごとに枚数を数えたりと、一気に作業が増えるんです。用紙1枚なら、クラスごとの枚数を機械で指定できますが、2枚以上だと、自分でいちいち人数分を数えなきゃいけないので。

会議後、別の日にもう一度、印刷のためだけに学校へ足を運ぶのはもったいないので、ほかの用事で学校へ行く人にお願いするなど、役員のなかで仕事をうまく分担できるとちょっとラクになります。

評議委員会（運営委員会）のときに**パソコンを持ち込んで、その場で議事録を**つくっていました。会議が終わったら**すぐ教頭先生にチェックしてもらい、帰りに印刷**してしまいます。印刷作業のため全員で集まる必要がなくなりました。

林田香織さん

広報の仕事におけるくふう

**「例年どおり」はもうやめて、
毎年、そのときのメンバーがやりたいことや
できることをやりましょう。**

「広報委員会」じゃなくてもいいのかも

「広報委員は、なり手が見つかりにくい」という話をよく聞きます。委員決めが難航するのであれば、たとえば年３回発行していたものを、年１～２回に減らすなど、発行頻度を見直してはどうでしょうか。

委員会ではなく、有志で広報紙を作成することもできます。じゃんけんなどで選ばれた委員がしかたなくやるよりも、自分から手を挙げた人でやるほうが、楽しく、面白いものがつくれるでしょう。（▶53ページ）

最近は、本部役員が発行する「PTAだより」で広報は足りているので、広報紙（委員会）はやめた、という話も聞きます。

広報紙は、なければ絶対に困るという人はおそらくいないので、やる人がどうしても見つからないときは無理に継続せず、休止または廃止にするのもアリでしょう。

八武崎秀紀さん

委員会をやめて、〝文章（記事）をつくる人〟〝パソコンで打ち込む人〟〝印刷する人〟など、作業ごとにボランティアを募集しました。最初はみんなようす見でしたけれど、**印刷ボランティアの人たちが、いつもコピー機の横でお菓子を食べながら楽しそうにやってるので、**みんなそういうのを見てたんでしょうね、**だんだん人が集まるように**なりました。

web媒体への切り替え

Part2「PTAの情報を発信するくふう」（➡90ページ）でも紹介したように、いまはホームページやブログなどを、だれでも簡単につくることができます。広報紙も、紙に印刷するのではなく、こうしたwebでの情報発信に切り替えてもよいのでは。

アンケートや運営委員会で「**作業量や印刷費用を考えると、広報紙は不要**」という意見が多かったので、やめにしました。大部分が数日後にはゴミ箱行きになってしまうので。PTAの活動報告や地域のニュースなどは、必要としてくれる人がいつでも見られる**ホームページで公開するほうが効率的**だし、時代にもあうだろうということになりました。

上田隆樹さん

広報紙の内容について

PTA 広報紙は、先生や行事写真の紹介など、いつも決まった内容になりがちです。新しいテーマを扱おうとすると、学校からストップがかかりやすいため、自然とそうなるようですが、もうすこし自由にできないものでしょうか。

保護者と学校の意見が食い違うテーマを扱おうとすると、学校はいやがることが多いですが、たとえば、学校と保護者双方の考えを併記するなど、それぞれの考えを尊重する記事にできれば、許可を得られるかもしれません。

たとえば、こんな話を先生から聞きました。

B先生
公立小学校

以前、PTA広報紙で「給食指導」の特集を組んだんです。このとき、保護者アンケートでは「嫌いなものを残すのはアリにしてほしい」という声が多かったんですが、これだけ掲載すると、いつも先生たちが、子どもたちの好き嫌いをなくすため**「残さないように」って指導しているのを、否定してしまう**ことになりますよね。だから「先生たちはこういう考えで、嫌いなものも残さないように指導しています」っていう話も取材してもらって、**アンケート結果と先生たちの考えを併記**するかたちで掲載してもらいました。

手間はかかりますが、せっかく広報紙をつくるなら、これくらい踏みこんだ記事を載せたほうが面白そうです。

Column

はらなおみさん

教頭先生と記事のテーマをすりあわせるんですが、**いつも〝無難なテーマ〟が好まれます**。学校はとにかく、広報紙を読む保護者を刺激しないこと、物議をかもしそうな記事は避けてほしい、というスタンスです。「通知表のつけ方」なんていうテーマは、即・却下でしたね（笑）。

林田香織さん

内容は毎年ほぼ決まっていたので〝ひな形〟をつくって、つぎの年も文章と写真をさしかえればすむようにしました。いまの担当の人は、それをアレンジして使っているようです。

藤井敦志さん

委員長と副委員長の負担がかなりきつかったです。学校からは、写真の位置や選び方、送り仮名の使い方まで指摘され、内容をひっくり返されたときには、ほかの委員たちをなだめつつ、機嫌よく作業してもらうのが大変でした。

楢木祐司さん

委員長だったとき、PTA役員と校長との座談会や、校長へのインタビューをして、それをまとめて載せたことがあります。

A先生
公立小学校

いつも**「だれのために発信してるのかな？」**って思います。みんなが知らないことを載せれば意味があるけれど、みんなが知ってる行事の話を載せても、意味ないじゃないですか？

パソコン業務集中問題

書記や広報の仕事では、しばしば「パソコン業務の集中問題」が浮上します。

パソコンを使ったほうが仕事の効率がよくなるし、情報の共有や管理もしやすくなる反面、パソコンをできる人にばかり負担がかたよってしまいます。そのため「できない人」はなにもせず、「できる人」はもやもやした気持ちを抱えながら、忙しい1年を過ごすことになりがちです。

悩ましい問題ですが、もしパソコンをできる人が極端に少ないときは、**いっそ手書き前提で仕事を進めては**どうでしょうか。

書記の人がつくる議事録は、手書きだって発行できます。完成した議事録をスキャンするか、携帯やデジカメで写真撮影すれば、ホームページにアップすることや、データとして保管することも可能です。

広報の場合、パソコンができる人とできない人で、作業をうまく分担するか、あるいは、パソコンができる人に負担がかかりすぎないていどに、発行頻度を減らしてはどうでしょうか。

または、委員会ではなく有志でつくることにして、**最初からパソコンが得意な人に参加を呼びかける**と、みんなわだかまりなく活動できそうです。

Column

おのさん

広報はパソコン作業なので、できる人に仕事がかたよります。パソコンができないのを言いわけにして、なにもしない人が毎回複数いるけれど、**原稿収集や確認などほかにもできることはある**ので、それをやってくれたらと思います。

青木さん

パソコンが使えたので、安い費用で広報紙を発行できましたが、担当が変わったつぎの号からは、パソコンを使えない人でも質を落とさないようにするために、業者の費用が高くなってしまいました。

猫紫紺さん

同期の書記の人から「パソコン教えて!」と言われ、無駄バナシに根気強くつきあいましたが……。最終的には、その人には手書きで議事録を発行してもらいました。

とまてさん

電卓で計算する人がいたので、エクセルで集計できるように、マクロ（いつもおこなう一連の作業を、ボタンひとつでおこなえるよう登録したもの）付きのワークシートをつくりました。また、データの保管はフロッピーディスクからUSBメモリに切り替えました。

周年行事はだれのため?

〝周年行事〟は、学校の創立記念の行事です。10年ごとにおこなわれるので(〝創立30周年〟など)、かならずしも子どもの在学中にあるとは限りません。

式典の際には、近隣の自治会長や学校長、他校のPTA会長などの来賓を招いて宴会が催されたり、児童・生徒には記念品が配られたりします(学校によって異なりますが)。

学校行事ですが、中心となって準備するのは、多くの場合、教頭(副校長)とPTA役員です。この年度にあたった役員の負担は大きく、**周年行事の年度だけ、役員の人数を増やす**というPTAもあります。

PTA予算で周年行事の費用を出すことについては、学校への寄付(118ページ)と同様に、「PTAで負担すべきでない」という意見もあれば、伝統だから、あるいは地域のための式典だから、「PTAが負担して当然だ」とする見方もあり、人によって判断が分かれます。

この行事にどのようにかかわるかは、それぞれのPTAが、そのときの状況によって判断するしかないですが、もし役員の負担や、行事費用の負担が大きすぎると感じられる場合には、かかわり方を見直しましょう。

Column

すけさん

今年は周年行事があるので、私たち役員も、**例年よりすごく仕事が多い**です。いちおう学校主催の行事なんですけど、新しく着任した副校長先生がいっぱいいっぱいなので、役員のほうから「これどうなってますか?」ってつついて、いろいろフォローしてます。もうすぐ式典と祝賀会（大宴会）があるので、みんなで心配しながら、準備中です。

ある学校で初めての周年行事（10周年）が近づいてきたとき、PTAにお金がなかったので、会長さんが「バザーをやりましょう」って提案してくれたんです。でも、保護者のなかから「周年行事のために、バザーのお金を使うのは絶対許さない」って声があがったので、結局1円もいただけませんでした。このときは、自治会が資源回収の収益をまわしてくれて、なんとか周年行事をおこなえました。

G元校長
公立小学校

周年行事の式典について、保護者から「市のお偉方を呼ぶような式典はやめて」とか「子どものための式をしてくれ」とかいろんな声があがりました。そう言われても、いつもの全校集会と同じことをやっても意味がないですしね……。

Column

〝卒業対策（卒対）〟について

小学校では6年生の卒業時に、謝恩会の準備や、記念品やお花（卒業式のとき体育館などに飾るもの）の手配など〝卒業対策（卒対）〟の仕事がいろいろと発生します。卒対の仕事でだれがなにをするかは、学校によって、あるいはその年度の保護者たちの方針によって異なります。

たとえば、卒対の仕事を担当するのは、6年生の学級委員ということもあれば、別に選出された卒対委員ということもあります。

謝恩会の有無も最近はまちまちのようで、「やるのをやめた（やっていない）」という話もちらほら聞く一方で、逆に「やめていたのを復活させた」という声もありました。

いろんなやり方が可能なので、「例年どおり」にしばられる必要はありません。その年度の6年生の保護者で、どんなかたちでおこなうか（あるいはおこなわないか）、アンケートをとるなどして相談して決めるとよいでしょう。

よしださん

記念品やお花の費用は、以前はPTA予算から出していましたが、いまは6年の保護者から〝卒対費〟として、PTA会費とは別に集めています。「記念品はいらない」という人からは、お花の費用だけもらいます。

Column

やめる？　続ける？　ベルマーク活動

ベルマーク活動をおこなう小中学校のPTAは、一時期とくらべると減っているようです。いまは忙しい保護者が多いので、「**時間のかかる作業で少額の募金をするよりも、最初からまとまった額を現金で寄付するほうがいい**」という声もしばしば聞きます。

一方で、いまもベルマーク活動が活発なPTAもあります。手作業をしながらおしゃべりできるので、**時間に余裕があり、情報交換をしたい人にとっては、楽しみなひとときな**のです。

継続する場合は、無理な目標を立てず、みんなが楽しめる範囲でおこないましょう。もちろん、やりたくない人への参加強制は禁物です。

林田香織さん

細かい作業が得意で「ベルマーク活動が好き」っていう人もいるので、続いています。

すけ友さん

パッケージの素材によっては丸まっちゃって、台紙に貼るのが大変（涙）。働いているので勘弁してほしいです。

Vさん

自宅作業にしたら、お勤めの人には喜ばれたけど、迷惑がる人もいました。その人は、みんなで集まっておしゃべりするのが楽しみだったみたい。

「父親の会」について

PTAとは別に、父親だけのボランティア組織がある学校も、最近は増えています。

名称は「父親の会」「おやじの会」「父ネット」「男親会」などそれぞれ異なり、活動内容も、PTAの力仕事の手伝い、お祭りの企画、ビオトープの清掃、宿泊イベントなど、さまざまです。

活動費は、PTAのように会員から会費を集めるのではなく、イベントをおこなう際に、そのつど、参加者から費用を徴収するかたちが多いようです。

やりたい人が手を挙げて参加するものなので、みんな楽しんで活動している傾向がみられます。

母親側の筆者としては、父親だけの会よりもPTA活動にこそ、父親がもっと参加してほしい気がしますが、こういった会が存在することで、**父親たちがPTAや学校に近づきやすくなる効果**があるようです。

男性に限らず、これまでPTAに縁遠かった人を呼び寄せるために、こういったPTA以外の会や、ママさんバレーのようなPTAサークル活動を活用するのもよいかもしれません。

Column

川島高之さん

一般のお父さんにとって、PTAってすごく遠い存在なんです。みんな、自分がPTAにかかわるなんて、想像もしていない。そういう**お父さんたちがPTAに近づけるようにするためのステップ**として、〝おやじの会〟をつくりました。いまは〝おやじの会〟からPTA役員が出るようになりました。PTAと〝おやじの会〟で、合同イベントをやることもあります。

Nさん

〝男親会〟って**楽しそうでうらやましい**です。私（母）も入りたい。

Pさん

うちの学校の〝父親の会〟は、PTA組織のなかに入っちゃっているので、ポイント稼ぎのためだけに、お父さんの名前を書くお母さんがいます。だから毎年、一度も活動に来ないお父さんも何人かいるし、義務だからあまり楽しそうじゃないですね。

よしださん

〝父ネット〟の宿泊イベントにフルで参加できるのは、会員家庭の子だけ。非会員家庭の子は日帰りさせられます。うちは母子家庭なので、どうやっても日帰りです。こういうのは、間違っていると思います。

PTAの新しい活動

これまでの活動を見直し、不要なものを削るなどしてPTAがラクになってきたら、新しい活動を始めるのもいいでしょう。

子どもたちのために保護者ができることは、たくさんあります。**せっかくPTAがあるのですから、うまく活用**して、楽しんでやっていきたいものです。

たとえば、取材したなかには、こんな取り組みがありました。

大越拓也さん

地域の有志とPTAで〝寺子屋〟を始めました。昨年はさらにPTAで数学検定を実施しました。PTA会員はもちろん、ほかの学校の保護者や、先生方にも喜ばれています。（▶114ページ）

小学校の統合に向けて動きました。PTAが中心となって、保護者や地域の方々の意見をとりまとめています。

山下由紀子さん

日本PTA全国協議会が発行する『PTA実践事例集』にも、全国のPTAのさまざまな取り組みが紹介されています。

・収穫したじゃがいもでカレーをつくって子どもたちと食べる『ほくほく収穫祭』（北海道札幌市立三里塚小学校PTA）

・地域の協力を得て、間伐材を活用してピザ窯をつくって焼く「ピザ教室」を実施（栃木県日光市立落合中学校 PTA）
・親子の絆を深めるため、スポーツ、釣り、理科の実験など「夏休み親子体験教室」を実施（静岡県伊豆市立熊坂小学校 PTA）
・高学年児童を対象に、会員保護者が講師になって職業を語り、体験指導をおこなう（岐阜県大垣市立中川小学校 PTA）
・駅前の空き店舗を利用して野菜や魚介類、菓子などを売る「中学生販売体験」の実施（鹿児島県阿久根市立鶴川内中学校 PTA）
・行事を子どもたちに伝え高齢者との交流を進める「きものサークルわかむらさき」の運営（新潟県十日町市立十日町小学校 PTA）
・水俣病の教訓を伝えるために福島県郡山市立第4中学校 PTA と交流、相互訪問や講演会を実施（熊本県水俣市立水俣第1中学校 PTA）
・市教育委員会や校長会との共催で、「中学生科学コンクール」を実施（東京都八王子市立中学校 PTA 連合会）

（いずれも『PTA 実践事例集（27）』より）

バックナンバーにもたくさんの事例が紹介されているので、興味がある方は参考にしてみてください（▶ 204 ページに入手方法）。

「続いてほしい」と願うのは……

取材のなかで、印象深いお話がありました。

富永誠治さん

父親たちの企画で、子どもたちや保護者を200～300人、校庭に集め、テントに泊まる会をやったんです。夕飯は定番のカレーなんかじゃなく、イタリアンの凝った料理をつくったりしてね。

ものすごく盛りあがって、ぼくらがいなくなってからもしばらくは続いてたんだけど、**そのあとは引き継ぐ人がいなくなって、つぶれちゃった。**あれは、なんでかなぁ？　**どうすれば続いたんだろうなぁ？**

PTA 活動で、このようなことを感じた経験のある人は多いのではないでしょうか。せっかく自分たちが苦労して立ちあげたイベントだから、ずっと続いてほしかったのに、なぜ続かないのか？

残念に思う気持ちは、よくわかります。

ですが、**PTA でどんな活動をおこなうかということは、本来は、そのときそのときのメンバーが決めること**ではないでしょうか。

もしつぎのメンバーも「その活動を続けたい」と思うなら、もちろん続けてもらえばいいですが、そうではない場合もあるでしょう。そのとき、無理に継続を優先させると、「例年どおりの目的化」が始まってしまいます。

とくに、盛りあがったイベントについては、「去年よりもっと上をめざそう」という気持ちが働くため、引き継ぐほうは年々プレッシャーが増していきます。いつか限界が来て、「昨年以上のことはできない」と感じるときが来るはずです。そのときは、規模を縮小するか、あるいは思いきってやめる選択もアリでしょう。

これまで続けてきた人たちの期待を裏切るのは、心苦しいかもしれませんが、責任を感じすぎる必要はありません。

そのうち、別の新しいイベントを始める人が出てくるかもしれないし、あるいは、なくなったイベントを復活させる人が現れるかもしれません。あとの代はあとの代で、好きなように活動すればいいのです。

PTA でおこなう活動は、基本的に「1年単位」で考えるのがいいのではないでしょうか。

そうすれば「例年どおり」のプレッシャーもなくなるし、がんばって活動をしたときや、新しい活動を始めたときに「来年、引き継ぐ人が迷惑」などと非難されることもなくなるはずです。

Column

「中心」ならではの楽しさ

本部役員の仕事には、大きな負担もあると同時に「役員ならではの楽しさ」というものも、あるようです。

委員や係など〝周縁部〟で仕事をしていると、なぜその仕事が必要なのかわかりにくく、仕事のやり方も指示に従うしかないため、「やらされ感」を抱きやすくなります。

その点、**本部という〝組織の中心〟**にいると、「やらされる側」ではなく**「自分がやる（人にやってもらう）側」という意識になる**ので、見えてくる景色が変わる（場合がある）のでしょう。

取材中、「役員の仕事は苦にならないけれど、青少年委員会（自治会との会合）は苦痛」という声を、よく耳にしました。これも同じ理屈かもしれません。PTAのなかで、役員は「自分がやる側」ですが、自治会などとの会合の場では、「やらされる側」になりやすいから、苦痛になってしまうのではないでしょうか。

もしかしたら、**PTAの委員や係の仕事はツライけれど、本部役員なら楽しめる**、という人は、意外といるかもしれません。「私だ！」と思った人はぜひ、役員をやってみてはいかがでしょうか。

一方で、周縁部の仕事についてもできるだけ「やらされ感」をもたずに取り組めるようにしたいものです。その仕事の意義を説明したり、やり方についてだれでも意見しやすくしたりして、やる気が出るようなものにしていきましょう。

6

任意加入へのスイッチ

こんなPTAになっていませんか?

- □ 入学と同時に PTA に自動加入している
- □ 会費が給食費といっしょに無断で引き落とされる
- □ クラス名簿がそのまま PTA 名簿に
- □ 非会員家庭の子どもの扱いに差がつく

合法団体へのチェックポイント

- □ 入会時に申込書を提出する
- □ PTA 名簿はクラス名簿と別に作成する
- □ 規約に退会規定をつくる
- □ 子どもたち全体のための活動をおこなう

入会意思を確認するやり方

**子どもが入学すると
保護者は自動的にPTA会員になるの？
ホントは、そうではないのです。**

強制加入にともなう問題

いま、多くのPTAは、学校に在籍する児童・生徒の保護者を、自動的に会員として扱っています。

文部科学省が何度も通達を出しているとおり、PTAはもともと任意加入の団体ですが、このことを知らない保護者は多く、事実上、強制加入に近いPTAがほとんどです。

PTAが抱えている問題は、任意加入になっていないために生じているものも少なくありません。

たとえば、事情がある人も、一律にPTAに参加せざるをえない問題。退会するために、個人的な事情を他人に明かさなければならない問題。学校への寄付や、活動の義務化・慣例化といった問題も、任意加入であれば、ここまで大きくはならなかったでしょう。

ですが、最近になって、保護者にPTAが任意加入であることを知らせ、加入意思を確認するPTAが出てきました。

任意加入を周知すると、PTAはどんなふうに変わるのでしょうか？　このあと、実際に周知をおこなった、2つのPTAの取り組みを紹介します。

「任意加入」にするとPTAがなくなる？

「PTAを任意加入にする（任意加入であることを周知する）」と言うと、「加入者が減って、PTAがなくなってしまう！」と心配する人がいますが、そこまで悲観的にならなくてもいいのでは？　と筆者は思います。

本の冒頭にも書いたように、いま、PTAに関心をもつ人は増えています。任意加入であること知ったからといって、やめる人はそう多くはないのではないでしょうか。

もし人数が減ったとしても、PTAをいまよりラクに楽しくできれば、**これまで以上の活動をできる可能性だってある**でしょう。もうちょっと、楽観的になってもいいんじゃないでしょうか？

【アンケート】PTAは任意加入（入退会自由）と知っていましたか？

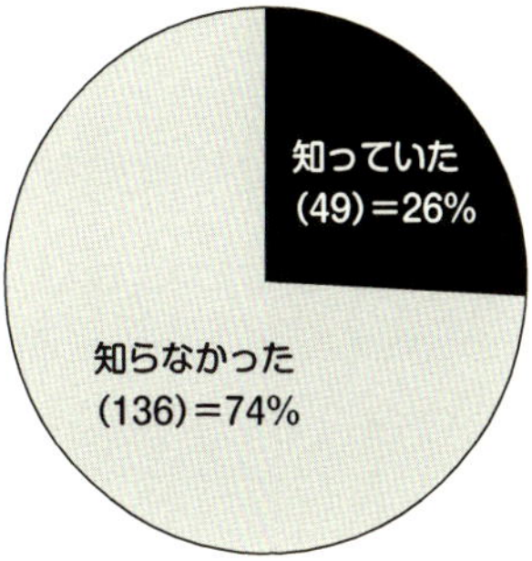

回答者からのコメント

・懇談会で聞きました。
・学校入学とセットになっていると思っていた。
・入退会自由とは知らなかった。

2012年7月実施　回収数185　家庭数362　回収率51%

札幌市立札苗小学校（◯182ページ）でおこなわれたアンケート結果の一部です。

Interview7

人に言われたことじゃないから、楽しみながらやれるんです

彌《や》重《しげ》幹《みき》昌《まさ》さん／岡山県岡山市立西小学校PTA会長

本部や委員会をなくしてボランティア制に変え、保護者が任意で加入するかたちにした、岡山市立西小学校 PTA 会長・彌重幹昌さんにお話を聞かせてもらいました。

西小は児童数 1300 人という大規模校で、保護者の転勤による転出入が多いのが特徴です。いまも児童数は増加傾向にあるということです。

Q どうして、これまでのやり方を変えたんですか？

PTA って、何十年もかけて「あれもしなきゃ、これもしなきゃ」って、仕事をふくらませてきましたよね。なのに「いまの時代、これはいらないね」っていうことを省く作業をしてきていません。

毎年やってきていることに対して**「やらない」ということを、自分たちで決められない**んですね。

だから、3 年まえにぼくが副会長になったとき、まず「いままでやってきた仕事を、やらなくていいと思うものと、これはあったほうがいいと思うものに分けてください」って執行部（本部）や各部長（委員長）さんにお願いして、活動を見なおしてもらったんです。

もちろん、「必要な仕事なのに、めんどくさいからやらない」っていうのはダメですよ。そこは精査しました。最終的に、やってきた仕事のうち**半分くらいは「必要ないかな」っていう話になりました。**

それから、執行部や専門部（委員会）をやめて、ボランティア制にしました。強制的に仕事をしてもらうのではなく、手を挙げてやってもらうようにしたんです。（西小 PTA 組織図 ➡ 38 ページ）

その翌年度、会長になったときは、会費を下げました。このとき、会費は給食費といっしょに引き落とすのでなく手集金にして、**年度の頭に「PTA に加入するかどうか」を確認する任意加入のかたちに戻したん**です。むかしはみんな、手集金でしたからね。

会費を下げたのは、繰越金がけっこう残っていたし、児童数も増えていたからです。たまっていた繰越金は、各教室に設置する扇風機の購入にあてました。

Q やり方を変えようと思ったきっかけは？

以前、PTA 役員の仕事が負担になって、外にも出られなくなっちゃった方がいたんです。その方が子どもの参観日にやっと学校に行ったら、「**へ〜、PTA の仕事はできないのに、参観日には来られるんだね！**」みたいなことを、ほかの保護者に言われてしまった。とても、まともな話ではないです。

ほかにも、親の介護とか、妊娠しているとか、下に未就学児がいるとか、いろんな事情がある人がいるのに、「そんなの関係ありません、自分の子どもがかかわっているPTAのことなんだから、お手伝いしてください」って強制するのは、どうかって話ですよね。

Q 旗振り当番だけは、全員でおこなっているそうですね？

ええ。ぼくは、子どもをもつ保護者は、学校に対していろんなかたちで協力するのは当たりまえだと思っています。それができる人とできない人はいますけど、もしできるんだったら、するものだって思っている。だから旗振り当番に関しては、PTAから切り離して「みなさん（全員）でやってください」ということにしました。

共稼ぎのおうちもたくさんありますけど、年に何回かのことですから、そんなにむずかしい話ではありません。「この日はどうしても無理」っていうときは、ほかの人と交代してもらえばすみますから。

Q 加入と非加入で、子どもの待遇に差は？

PTAが子どもに対して直接することに関しては、差をつけません。

たとえば５年生がやる田植え体験のとき、いつもPTAがお茶を用意するんですが、「はーい、お父さん・お母さんがPTAに入ってるおうちの人だけ、こっちきて～」とか、そんなことはしません（笑）。

一方、PTA会員である親の労働力が必要なものに関しては、差をつけています。

たとえば、夏休みの開放プールは、PTA会員になっている家庭の子どもだけ参加できるかたちにしています。水の事故は生死にかかわることもありますが、PTA でそこまで責任をもてませんから。

Q でも、学校だと「平等に」という話が出ますね?

問題はそこですね、むずかしい。PTA がヘンにいろんなことにかかわっているから、歪みが出る部分でしょうね。

たとえば、卒業生に記念品として配る証書ホルダーは、PTA で全卒業生のぶんを負担しているんですけど、「不公平だから、加入していない家庭のお子さんには配るべきでない」とおっしゃる方も、けっこういらっしゃるんです。

こういう費用は、ほんとうは 6 年生の保護者から個別に集めればいいんですよね（164 ページ）。そうすれば、こういう問題は起きない。**PTA 会費で出すから、ややこしくなる**んです。

記念品に限らず、PTA 会費の使いみちを細かくみていくと、ほんとうは、個別に集めればすむものばかりなんですよ。入学式のときに飾る花代だってそうです。PTA が寄贈する必然性はないので。

Q 保護者や先生の反応はどうですか?

いま、年間をとおして 2 割くらいの人が、自分で手を挙げてボランティアしてくれています。ちょっとツラかったり、めんどくさかったりすることでも、やっぱり楽しみながらやってくれるんですよね。それは、**「やれ」って言われたことじゃないから**。

転入してきた保護者のなかには、「まえの学校では PTA でえらい目におうた。ああいうのはイヤやけど、ここは手を挙げた人だけが集まってやってるから」と言って、参加してくれる方もいます。

PTAが、うちの小学校の児童数増加の原因になっている部分ですか？　微々たるもんですけど、そういう効果もゼロではないでしょうね。

ベルマーク活動は、昨年度、全国3位になりました。それはやっぱり、やりたい人にやってもらっているからでしょう。役員さんたちが、どうやったらもっとたくさん集まるか、みずから考えてくふうしてくれたから、こういう結果が出たんだと思います。

ウワサだけ聞いていて転任してきた先生たちも、「（西小のPTAを）案外ふつうじゃない」って思うみたいです。実際に目にすると**「なんかすごく楽しそう」と驚く人もいる**ようです。

加入率は、今年が96％、去年は92％、おととしは94％でした。いまPTAに入っていないのは、50世帯くらいです。

任意加入っていうと「そんなもん、『やってもやらんでもええ』なんてなったら、『やらん』言う人が増えるに決まっとるやないか」っていう人もいますけど、いまのところ加入率はそんなに変わっていません。

いまPTAに入っていない50世帯のなかには、「PTA会費を払うのはどうしてもしんどいけど、ボランティアはしたいんです」って言う方もいます。その方にも、PTAから切り離した旗振りのボランティアなら、やっていただける。

Q 今後の見通しは?

もしかしたら、子どもが卒業してぼくがいなくなったあとは、元のやり方に戻っちゃうかもしれませんけどね。そのときそのときの、校長先生やPTA会長の方針もありますから。

でも、それはもうどっちだっていいんです。家庭で子どもを育てることとか、子どもの教育に親がどうかかわるかといったことについて、みんなに考えてもらうきっかけになれば、それでいいと思ってます。

お話をうかがって

岡山西小PTAの活動は、以前、NHKの情報番組「あさイチ」で紹介されたことがあります。保護者たちがとても楽しそうに活動しているようすを見て、「世の中には、こんなPTAもあるのか!」と衝撃を受けました。

加入方法をはじめ、これまでのやり方をいろいろと見直したことが、PTAの活性化につながったようです。

Interview8

説明も同意書もナシの加入で訴訟になったらどうする!?

上《うえ》田《だ》隆《たか》樹《き》さん／北海道札幌市立札苗《さつなえ》小学校PTA会長

「入退会自由のPTA」として、ボランティア制での活動を始めた、札幌市立札苗小学校PTA会長の上田隆樹さんに、お話を聞かせてもらいました。

札苗小は児童数・約440名の学校で、札幌駅から車で北東へ20分ほど行ったところにあります。

Q どんなふうに変えていったんですか?

最初はまず、校長に話をしました。つぎに役員会で話したところ、全員が猛反対で、「なにゆってんだ、アンタ⁉」みたいな反応でした（苦笑）。そこで校長が「1年くらい移行期間をもうけて、検討委員会を立ち上げてやったらどうですか」って提案してくれて、そうすることにしたんです。

最初に、情報開示をするためのホームページを立ち上げました。**保護者にも地域の人にも、これからなにをしようとしているのか理解してもらえるよう、透明性を確保しようと思ったん**です。

それから、「1年後にこうしたい」っていう完成図をみんなに見せました。要するにみんな、どんなふうに変わるかイメージできないから、反対するんですよね。「入退会自由になったら、きっとみんな入らなくなって、組織が成り立たなくなるだろう」とか、「これまでだって役員を決めるのがあんなに大変だったのに、もっと大変になる！」って思っているから。

だから、「入退会自由にすると同時に、委員会もやめてボランティア制にします。そうすると組織図や規約はこんなふうになりますよ」っていう仮の案をつくって、みんなに見せました。

そうしたら、検討委員会でも具体的なことを話しあえるようになりました。**目標とする完成図があると、そこにたどりつくためにはどんな問題をクリアしなきゃいけないか見えてくる**ので、「こういうときはどうする、ああいうときはどうする」って、ひとつずつ考えていけるんですね。

岡山西小PTA（▶176ページ）の実績も、ひじょうに役に立ちました。「このPTAも同じようにやっているけど、バザーはこんなに盛りあがってるし、ベルマーク集めはみんなでがんばって全国3位なんだよ」って話すと、「あぁそうか、委員会がなくても、ちゃんと活動はできるんだな」ってことが、わかってもらえるので。

最初は猛反対だった役員さんたちも、だんだん変わってきました。

Q いまは、どんなふうに活動しているんですか？

なにかやるときは、手紙を配って、ボランティアを募集しています。反応がなかったら、2次募集、3次募集をかけます。

もし、**どうしてもやる人がいないんだったら、その活動はやめればいいんです。要するに「賛同者がいない」ってこと**ですから。それを無理してやろうとするから、くじびきだの、じゃんけんだのって話になるんですよね。

学級長も廃止しましたが、いまのところとくに問題はありません。音頭をとってくれる保護者が自然に出てくることもあって、そういうクラスは、その人を中心にいろんな企画が出てきます。**出てこないクラスは、出てこなくてもいいん**です。

Q 保護者や先生の反応は?

一般の保護者は、みんな喜んでますよ。学級長も委員会もないから、くじびきなんかしなくてすむ。それでも、ボランティアで手を挙げてくれる人がそこそこいて、ちゃんと活動できてるから、「な〜んだ、委員会とかなくたって、PTA って成り立つんだね」って。

加入率は、いま 94%です。**自分の子どものためだと思えば、強制じゃなくても入会してくれる人がほとんど**なんですね。

担任の先生方も、最初は「そんなことやって大丈夫なの？」っていう反応でしたが、結果的には喜んでくれています。4月の保護者会で「役員（委員）決め」をしなくていいんですから。

Q やり方を変えようと思ったきっかけは?

前任の PTA 会長さんが、入学式で新入生の保護者にあいさつをしたとき、開口いちばん「今日からみなさんは PTA 会員です！」って言ったんです。それを横で聞いていて「わっ、説明も同意もないのに会員なんだ⁉　これ、来年オレが言うのヤダな〜」って思ったんです。

そんなふうに思ったのは、ぼくが医療人だからかもしれません（※上田さんは病院勤務）。医療現場はインフォームド・コンセント必須の世界なので、どんな病院だって、説明と同意書のサインなしには検査ひとつできないんです。そういうところに身を置いてきたので、**「説明も同意書もナシで会員になる」って、もう、ありえない**んですよ。「訴訟になったら、どうすんの⁉」って思います。

あとは、ある年度の終わりに、いつも積極的に手伝ってくれていたお母さんに「委員をやってみてどうでしたか？」って聞いたら、「1年間こんなこと『させられた』けど、しばらくやらなくていいと思うと、ラクになりました」って言われたんです（苦笑）。だれがそのお母さんに、そんなことを「させた」かっていうと、役員ですよね。こっちはそういう気はなくても、そうなってしまう。

そんなふうに言われないように運営しようと思ったら、やっぱり、完全ボランティアでやるしかないですからね。

Q 学校の外からの反応は？

最初のころは、いろいろと誤解が多くて、いきなり「そんなことをして、おまえは非会員の子どもを差別するつもりか」なんて言われたこともあります。なんでそんなこと思ったんでしょうね？（苦笑）

もちろん実際は、非会員家庭の子どもに対しても、会員家庭の子どもとすべて平等に扱っています。

最近はだいぶ、そういう誤解は減っていますけど、いまだに、ウワサや想像でものを言ってくる人はいますよ。「あの会長は、将来的にPTA活動なんか全部やめちゃうぞ！」とかね（苦笑）。

Q やりとおすためのコツは?

「このPTAは本気でやろうとしているんだな」ってことを、保護者にも、対外的にも、見せなきゃダメですよね。「中途半端に食い散らかして終わるぞ」って思われたら、だれもついてきませんから。

だから、ブログやホームページ、メディア対応でも、そこをアピールしてきました。あとは地域の集まりとか、PTA会長として出席できる会にはすべて出席して、「なにをしようとしてるか」ってことを、説明して歩きました。

やるまでは、いくら説明しても、「でも、実際やれるかどうか、わかんないじゃない」って言われていたけれど、いまはすでにやってしまったので、それ以上は言われません。**一度つき抜けてしまえば、あとはそんなにつっこまれない**んですよ。

お話をうかがって

最初はかなり反対が多かったようですが、ねばり強く入退会自由のPTAを実現した上田さん。実際にやってみたら、保護者も先生も喜ぶ人が多かったとのこと。がんばった甲斐がありました。

なお、上田さんのこれまでの活動は、ホームページやブログに詳しく掲載されています。

■原点から考え直すPTA（札幌市立札苗小学校PTAホームページ）
http://satsunaepta.jimdo.com/

●シングルパパはPTA会長（ブログ）
http://blog.livedoor.jp/moepapa516-pta/

上田さんが全保護者に出した任意加入開始の手紙

PTA 会員の皆様へ

平成２４年１２月２５日
札苗小学校父母と先生の会
会　長　上田　隆樹

来年度から、札苗小 PTA は『札苗小学校保護者と先生の会』と名称を改めて、新たな組織へと生まれ変わるよう検討しています。

【検討事項】

大きな変更点は以下の通りです。

1　北海道では初めての任意加入（入退会自由）
2　委員会制度を廃止（ボランティア活動の徹底）
3　義務的活動を廃止し、負担の少ない楽しい活動へ
4　保護者も教師も全ては子どもたちのために

PTA を取巻く環境は、少子化および共働き家庭・ひとり親家庭・介護負担のある家庭の増加など、時代と共に変化しております。
社会ルールに則った「あるべき姿の PTA」を目指したいと思いますので、皆さんのご理解ご協力よろしくお願いいたします！！

あるべき姿の PTA を模索しながら、昨年度より役員会にて協議し、本年度総会にて『原点から考え直す PTA 検討委員会』設立のご承認を頂き、これまで６回の委員会を行って来ました。その中で、保護者の方々へのアンケートなどのご協力も頂き、誠に感謝しております。

今後のスケジュール

２月７日　　PTA 臨時総会（参観＆懇談後）
・PTA 規約改正
・PTA 組織の見直し、活動の見直し

２月１４日　新入学保護者へ新規約にて PTA の説明
（１日体験入学および保護者への説明）

４月～　　　新たな規約・体制による PTA 活動開始！

ご意見・ご質問などは、お気軽に PTA のホームページのお問い合わせか、会長宛のメールアドレスまで、お願いいたします。
その際、必ず何年何組　保護者名をお願いします。

なにをするとアウト？ 法律からみたPTA

――憲法学者・木村草太さんに聞く

強制加入や非加入者へのいじめなど、「**違法 PTA**」（違法行為をする PTA）の問題を指摘している、憲法学者の木村草太さんに、お話を聞かせてもらいました。PTA がやっていいことと、やっちゃいけないことって、どう判断すればいいのでしょうか？

―― PTAって、保護者を強制加入させることはできないんですか？

団体に加入するっていうことは、ひとつの契約なんですね。契約が成立するのは「両当事者が合意をした場合」です。逆にいうと、**両当事者が合意していなければ、契約は成立しない**わけです。

したがって、PTA は保護者を強制的に会員にすることはできない、ということになります。

―― PTAは強制加入団体じゃないということですね？

強制加入団体というのは、法律で「なにかをする条件として、なにかの団体への加入が義務づけられているもの」なんです。

たとえば、「弁護士として営業するためには、かならず弁護士会に入らなければいけない」とか、「ある団地の区分所有者

木村草太さん

憲法学者・首都大学東京准教授。1980年、横浜市生まれ。著書『憲法の創造力』（NHK出版新書）、『テレビが伝えない憲法の話』（PHP新書）、『未完の憲法』（潮出版／共著）ほか。自分のお子さんが通う保育園の父母会で、任意加入手続きを徹底した経験もアリ。

になるのであれば、かならずその団地の管理組合に入らなければいけない」とか、そういうものですね。

PTAの場合、「子どもが学校に入るなら、かならずこのPTAに入らなければいけない」というような法律はないので、強制加入団体ではありません。

――では、PTAが任意加入だと知らない保護者の口座から、会費を給食費といっしょに引き落としたら、まずいですか？

そうですね。その人とPTAとのあいだで、加入の契約が成立しているか、いないかという問題がありますが、どちらにしても、会費は返されなければなりません。

まず、**契約が成立していないのであれば、引き落とされた会費は「不当利得」**ということになるので、民法のルールに従って、PTAは会費を返さなければいけません。

もし契約が成立していたとしても、おそらく「詐欺の契約」ということになって、取り消せるでしょう。取り消しになった場合は遡及《そきゅう》するので、やはり会費は返さなければいけないことになります。

「詐欺の契約」っていうのは、たとえば、詐欺のリフォーム業

「強制加入は法的に無効」と明言して話題をよんだ記事

第3種郵便物認可

文化

bunka@asahi.com

PTA改革、憲法の視点から

木村 草太

首都大学東京准教授

きむら・そうた 1980年生まれ。専門は憲法学。著書に『憲法の急所』『憲法の創造力』など。

「どうする？ PTA改革 札苗小の取り組み」（2月16日付朝日新聞朝刊）などの記事に、2児の父である筆者も強い関心を持った。任意加入の団体であることを明示した上で、より良いPTAを実現しようとする活動に共感した。一方で、その活動が困難なのは、PTAや保護者会といった団体の在り方について法律家がきちんと説明する努力を怠ってきたからではないかと感じた。そこで、法律家の視点から検討してみたい。

「結社しない自由」侵す強制加入

憲法21条は「結社の自由」を保障する。この自由には、自由に団体を作って良いという「結社する自由」と同時に、自分の望まない団体には入らなくて良いという「結社しない自由」があることを忘れてはならない。

つまり、PTAなどの団体は、その趣旨に賛同する人が自由に結成するものであり（結社する自由）、望まない人に加入を強制してはならない（結社しない自由）、というのが憲法上の大原則になる。

「強制加入でよいはずだ」と考える人もいるかもしれないが、強制加入制度が許されるのは、公益上の必要があり、かつ、法律の根拠がある場合（例えば、健康保険組合や弁護士会など）に限られる。教育基本法にも学校教育法にも、加入を義務付ける規定がない以上、PTAは法的には任意加入の団体である。したがって、強制・自動加入を定める規約や慣習があっても、法的には無効になる。

また、PTAはあくまで学校から独立した団体だから、学校がPTAに在校生や保護者の名簿を提供するのは、個人情報保護法が禁ずる個人情報の第三者提供になる。会員名簿を作りたいなら、積極的に加入意思を示した人に加入申請書を書いてもらい、PTA自身がそれを集めるべきだ。

強制・自動加入体制を敷いたり、参加しない保護者に圧力をかけたりするのはやめた方がいい。強制徴収した会費でプレゼントを配るのは一種の押し売りになる。会員への労役強要や非会員への心理的圧力が過大になってイジメのような事態に発展すれば、不法行為として役員やPTAが損害賠償を請求される危険すらある。

このように、PTAは①完全な任意加入②学校からの独立③圧力・イジメの厳禁という3原則に従って運営されなければならない。

子どもや学校、地域社会のために何ができると考えるかは、人によって異なる。PTAの趣旨に賛同する人々は、PTAで活躍してほしい。他方、企業活動を通じた社会貢献や、家庭でじっくりと子どもと過ごす時間を重視したい人などには、その自由を認めるべきだ。自発的に参加するからこそ、参加者は知恵を絞り、楽しく有意義な団体活動が実現する。憲法が結社の自由を保障する理由は、こういうところにある。

「朝日新聞」2013年4月23日朝刊

者がやってきて「消防法上、これをやらなきゃいけないことになってます」といって契約させられたような場合ですね。当然、取り消せます。

――そうすると、訴えられることもありえますか？（汗）

ありえるでしょうね。その場合、被告は「PTA」になるでしょう。法人格をもっていなくても、団体の長がいて、組織化されていれば、被告になりえるんです。

もし訴訟があれば、PTAは確実に負けます。合意もないのに、契約上の債務があるといってお金を引き落としているわけですから「振り込め詐欺」といっしょです。裁判所から代表者（PTA会長）に通知がいって、「会費を返してください」ということになるでしょう。

ただし、全額返すことになるかは、わかりません。もしその保護者が、PTAからすでになんらかのサービスを受けていれば、実費を相殺して一部返金になるかもしれません。

――ところで、いまPTAに入らない人は、病気など個人的な事情を役員に伝えなければなりません。それがいやで、やめたいと言いだせずに、追いつめられる人も多いようですが……。

これはPTAが任意加入でやっていれば、起こりえない問題ですね。

そもそもの問題として、一連の個人情報保護法令により、**学校は、保護者や児童・生徒の名簿を、PTAに渡してはいけないんです。**ですから、PTAは本来、自分から「入りたい」と言ってきた人の名前や連絡先しか、把握していないはずなんです。そうすると、PTA に入りたくない人が、そのことを PTA に伝える必要は、最初からないはずなんですよね。

——学校は、保護者や子どもの名簿をPTAに渡しちゃダメなんですか?

ええ。名簿というのは、目的の範囲でしか使ってはいけない情報ですから、学校は PTA という別の団体に名簿を出してはいけないんです。

学校だけでなく、**保護者も同様で、学校からもらったクラスの名簿を、PTA に伝えてはいけません。**なぜならそれは、保護者が学校との関係で使う目的でもらった名簿だからです。

たとえば、私はいま、団地管理組合の会計理事をしているので、加入者全員の名簿を持っています。それをリフォーム業者の人に「はい、どうぞ」ってあげたらアウトですよね。あるいは、私がリフォーム業をやっていたとして、その名簿を使って営業したとしたら、それもやっぱりアウトです。

——なるほど、アウトですね。これも、もしかすると訴えられる可能性はありますか?

ありますね。「個人情報の第三者提供」ということになり、1 件あたり数千円の損害賠償というのが、判例上の基準です。もし、クラス 30 人分の名簿を PTA に流したとしたら、4000 円 × 30 人分で、12 万円の損害賠償ということになります。

——学校全体だと、かなりの額ですね……。では、PTAは本来、どうやって名簿をつくればいいんでしょうか?

任意加入にして、申請書を集めて名簿をつくることです。そ

うすれば契約が成立して、いまある問題は、全部なくなります。

名簿というのは、そもそも、申請書を集めないことにはつくりようがないんです。名簿がつくれなければ、団体って存在しないのといっしょなんですよ。会員の人数だって、わからないんですから。

——現状では、PTAに「加入しない」とか「やめる」とかいうと、いやがらせを受けることがあるようですが？

人間関係でなにか言われる、ということでしょうか。もしひどいケースであれば、侮辱という不法行為になると思います。

もしくは「（入っていないと）不利益がありますよ」などと言われて、加入を強制されたのであれば、脅迫または恐喝にあたります。これで会費をとったら、もちろん返さなきゃいけませんし、場合によっては脅迫罪も成立します。

こういうのもそもそも、任意加入であれば、生じえない話なんですが……。

——PTAに入っていない家庭の子どもが、学校内でおこなわれるPTA行事に参加させてもらえないケースは、どうですか？

それは、はっきりと〝アウト〟です。

なぜかというと、**PTA というのは、会員限定サービスをする団体ではない**からです。その学校に子どもが通っている保護者が、「**学校の子どもたちみんなのために、いいことをしよう**」というのが、**PTA という団体**なんです。だから、一部の子どもを排除するってことは、まったくおかしいわけです。

PTA って、学校の部屋を使えるとか、さまざまな特権をもっていますよね。学校という公共団体から、そういう特権をもらえるのはなぜかというと、「学校全体のために奉仕してくれる団体だから、協力しましょう」ってことなんですよ。

だからもし、**会員の子どもに対象を限定したサービスをするのであれば、学校はそもそも、協力する理由がない**んです。

たとえば、30人のクラスのうち5人の親が、「クリスマスのときにサンタさんのバイトを雇って教室に来てもらい、自分たちの子どもだけにプレゼントを配らせたい」って言ったとしたら、ふつうに考えて、先生は「ＮＯ」と言いますよね（笑）。そういう会員限定のサービスは学校でやらなくていい、家でやってください、という話になる。

これが「クラス全員に配りたいんです」っていうことなら、「ちょっと考えましょう」って話になると思うんですけどね。

――人数を減らして考えるとわかりやすいですね。そうすると、非会員の子どもが排除される心配はないわけですね。

そうですね。会員以外の子どもを排除するPTAであれば、学校はすぐに、学校内で活動できるという特権をやめさせなければいけません。

もし、PTAが会員限定サービスをしていることを知ったうえで、学校が活動を続けさせているとしたら、「学校施設の不適切な利用」ということになり、学校長は施設管理者としての責任を問われることになるでしょう。

ですから、**全員に提供できないサービスだったら、やめるしかない**ってことです。もし人手が足りないのであれば、そのぶん、お金を集めてアルバイトを雇うとか、そういうくふうをすべきでしょう。

——PTAでアルバイトを雇ってもいいんですね。では、役員に給料を払うのもアリですか?

ええ、もちろんアリですよ。みんな、すごく頭がかたくなってるみたいですけれど（笑）。

スタッフに給料を払うのは、労働組合でも、NPO 法人でもやっていることですから、いいんじゃないですか。

もちろん、たまにある話で、「長年理事長をやっている人が勝手に予算を決めて、毎月ウン十万円を自分でもらっている」とか、そういう悪質なことにならないよう、会員のなかでちゃんとルールに従って金額を決めていれば、まったく問題ないということです。

——では、PTA予算でなにかを買って学校に寄付するのは、どうでしょうか?

任意加入が前提であれば、ぜんぜんおかしくないことだと思うんですよ。みんなのためになることをやるわけですから。

もちろん学校は、学校教育法上の教育をするための最低限の備品等については、すべて公共の予算でまかなわなくてはいけません（➡ 118ページ）。そこを PTA 予算で埋めあわせするのは、たしかにまずいです。それをやるのであれば、いったん自治体にお金を寄付して、自治体の予算に組み込んでから、学校に出すってかたちにしないといけないでしょうね。

ですが、その最低限度ではない、プラスアルファの部分について、PTAのお金を使うというのは、私は問題ないんじゃないかなって思います。

もし問題だと思うのであれば、これも一度、自治体に寄付して、自治体の予算から学校に出してもらうかたちにすればいい。

だから、なんでそれが問題になるかというと、**強制加入で集めたお金だから**でしょう。「押し売り」といっしょになってることが問題なんですね。任意加入なら、問題になりません。

――なるほど。では、PTAを任意加入にしたうえで「これはやっちゃいけない」っていうことは、なにかありますか?

PTAというのはあくまで、公共施設を借りている団体なので、公共性の観点から説明できる活動しかやっちゃいけない、という点です。

判断に迷うときは、つねに「公共的かどうか」を考えてみればいいでしょう。

お話をうかがって

いまのPTAには、〝違法〟と言わざるをえない面がいろいろとあることがわかりました。問題を一度に全部解決するのはむずかしいかもしれませんが、少しずつでも改善していくにはどうしたらいいか?　それぞれのPTAで、考えていってもらえたらと思います。

退会しやすくするくふう

申し入れた人が不利益を受けない「退会規定」をつくっておけば、実質的な任意加入を実現できます。

退会規定を加える

いまのPTAが抱える問題をすこしでも改善したいけれど、いきなり任意加入を周知することまではむずかしい、という場合には、「退会規定をつくる」というのはどうでしょうか。

いま、ほとんどのPTAには、退会時のルールがありません。そのため、会員が「やめたい」と言ってきたとき、役員が「退会できない」と告げたり、理由をたずねたりしてしまうことがあります。規定があれば、そのような展開を避けられるので、事情がある人はいやな思いをせずに退会することができます。

つぎのページに、木村草太さんに作成してもらった「退会条項案」を掲載するので、参考にしてください。

上田隆樹さん

いったんはみんなPTAに入会して、どんなものか体験してもらったうえで、「やっぱり自分は賛同できないという場合には、いつでも退会できますよ」としておくやり方もありますよね。これなら、**規約をひとつ加えるだけですみます。**

木村草太さんによる　退会条項案

憲法学者・木村草太さんに、退会条項のサンプルを作成していただきました

第〇〇条

1項　PTA の各会員は、どんな理由であれ、PTA をやめたくなった時には、自由に退会することができます。（PTA の各会員は、その自由な意思により、PTA からの退会を求めることができる。）

2項　退会したい場合には、お手紙などの書面に、「退会届」であることが明らかになるようにして、お名前と退会したい旨を記載して、PTA 会長にお渡しください。理由を示す必要はありません。（退会を求める意思表示は、会員の氏名と退会の意思を明示した書面を、PTA 会長に提出することによっておこなう。）

3項　前項の退会届を受け取った PTA 会長は、その退会の意思を尊重し、退会を認めなければなりません。（前項の退会届が提出された場合、PTA はこれを受理しなければならない。）

4項　退会手続きを進める際には、それ以降の地域生活や PTA 行事の取り扱いなどにおいて、退会者にいかなる不利益も生じないよう、十分に配慮しなければなりません。（退会の手続きは速やかに処理し、退会者に不利益がないよう、十分に配慮しなければならない。）

カッコ内の文章は、ややカタめの表現に改めたものです。他の条項にあわせ、適宜調整してお使いください

入会説明・申込書（2012年）

岡山市立西小学校PTA（◯176ページ）が配布した入会意思を確認する手紙です

PTA活動の説明、入会についてのお知らせ

新入生の保護者の皆さんご入学おめでとうございます。

西小学校PTAは、先生方と協力をして大切な子ども達を育んで行く事を考えて活動を行っています。保護者の皆さんもお子さん達の初めての学校生活で何かと戸惑い、不安もあるかと思います。

西小PTAは24年度より従来の役員（学年部・専門部）の選出を廃止してボランティアを中心に、**できる事を・できる時に・できる人が！**を活動モットーに一人でも多くの保護者の皆さん、子どもたちと一緒に楽しみながら負担を少なくPTA活動できることを考えています。

会費も23年度より児童数ではなく各家庭で集めています。お母さんだけでなく、お父さん・おじいちゃん・おばあちゃんも気軽に参加してくださいね。

尚、別紙にて案内の準備ボランティアスタッフ等も募集しますので、参加協力していただける方は記入提出してください。

＊行事当日のボランティアの募集は後日ご案内します。

4月23日（月曜日）に申し込み用紙と2,000円（各家庭で一律です）を封筒に入れて担任の先生に提出をお願いします。

………………………………… 切り取り線 …………………………………

24年度岡山市立西小学校PTA活動に参加します。

（どちらかに◯をつけて提出ください。）

参加します　・　参加しません

年　組　（児童氏名）

（保護者氏名）

あとがき

終わりにひとつだけ、筆者が思うことを書かせてください。

私たちは、PTA の仕事を「いやいや」引き受けてはいけないんじゃないか。そう思いました。

もしだれも引き受ける人がいなければ、それは、これまでのやり方を変えるチャンスです。「こんなふうに変えてもいいですか」と、新しいやり方を提案する人が、現れるかもしれません。

でも、もしそこで、だれかがいやいや仕事を引き受けてしまうと、そのチャンスは消えてしまいます。来年以降もまただれかが、いやいやそれを引き受けることになるでしょう。

だれかがいやいやなにかをやっている姿を見せられるのは、気分のいいものではありません。子どもたちも、親のそんな姿を見たくはないでしょう。

だから、もしいやいやなのであれば、引き受けるべきではないのです。頼んできた人に申し訳ないと思っても、良心がとがめても、ぐっとこらえて断りましょう。

もしそれで、最後までだれも、やる人が現れなかったら？

そのときはぜひ、あなたが手を挙げて、「いやいやではなく」その仕事をやれるように、これまでのやり方を変えてもらえないでしょうか？　そんなふうに、願っています。

最後になりましたが、この本の取材やアンケートに快くご協力いただいたみなさまに、深く深く、感謝申し上げます。

ライター・大塚玲子

この本についての感想やご意見、PTAをラクに楽しくするためのアイデアを、ぜひお寄せください。
「けっこうラクでたのしいPTA」http://kekko-pta.jimdo.com/

参考資料の紹介　もっと知りたい人のために

『七人の敵がいる』

加納朋子＝著（集英社、2010年）

テレビドラマの原作にもなった、PTAエンターテイメント小説。PTA特有の文化を理解できず、まわりに敵ばかりつくってしまう主人公・陽子。しだいにルールを飲み込んで、見事な立ちまわりを披露！　ラストシーンに、またぐっときます。

『まさかわたしがPTA!?』

まついなつき＝著（メディアファクトリー、2010年）

漫画家である著者が、PTAでの実体験や取材をもとに描いたコミックエッセイ。戸惑いながらも、徐々に活動の意義や楽しさを知っていく、まついさん。読んでいるうちに「PTAって、そんなに怖いものじゃないんだな」とわかり、不安がとりのぞかれていきます。

『学校を基地にお父さんのまちづくり——元気コミュニティ！秋津』

『「地域暮らし」宣言——学校はコミュニティ・アート！』

岸裕司＝著　（太郎次郎社エディタス、1999年、2003年）

1980年代、東京湾の埋立地（千葉県習志野市）に誕生した「秋津コミュニティ」。父親たちが中心となり、学校を拠点にさまざまな活動をくり広げます。「寝に帰る場所」が「暮らす地域」に変わっていくようすに、読みながらワクワク。自分の住むまちも、こんなふうにできたらいいな！　と、心がわきたちます。

『PTA再活用論』

川端裕人＝著（中公新書ラクレ、2008年）

この本をきっかけに、PTAが任意加入であることを知った人は多いでしょう。みずから副会長を経験した作家の川端裕人さんが、PTAにまつわる諸問題に斬りこみました。PTAはどのようにあるべきかを考えたい人におススメです。

『PTA不要論』

朝日新聞デジタルSELECT（Kindle版）

朝日新聞に掲載されたPTA関連記事（2012年）を再編集した電子書籍。強制加入や過度の負担といった問題を抱えるPTA。みんなが参加しやすくするにはどうしたらよいのか、ヒントを探ります。

『PTAとは何か—— 総論編**』**

全国PTA問題研究会＝編（あすなろ書房、1983年）

過去、PTAがどのようにとらえられてきたかがわかります。事実上絶版のため、興味がある方は図書館でご覧ください。

『パパの極意—— 仕事も育児も楽しむ生き方**』**

安藤哲也＝著（NHK出版生活人新書、2008年）

NPO法人ファザーリング・ジャパンを立ち上げた著者が、育児の醍醐味《だいごみ》や、求められる父親像、地域活動の意義を語ります。「ロックなPTA」を実践した会長体験記（5章）は、パパもママも必読！

『レモンさんのPTA爆談』

山本シュウ＝著（小学館、2005年）

ラジオDJ・レモンさんこと山本シュウさんが、会長をしながらやってきたこと・考えてきたこと。子どもたちへの著者の熱い思いに、読者もどんどん、巻きこまれていきます。

『PTAを活性化させるための調査報告書』

NPO法人 教育支援協会（2010年）

同協会が文科省から受託した事業のなかで実施した、PTA会員向けのアンケート、活動事例のヒヤリング、シンポジウム（「これからのPTAのあり方」）をまとめた報告書。興味深い内容がつまっています。http://www.live.kyoikushien.org/

アンケート結果をこの本の各所に引用させていただきました。アンケートの概要は以下のとおりです。

対象：PTA役員・会員と、その経験者
実施時期：2009年10月
調査方法：政令市12市から抽出した小中学校への郵送および学校からの家庭配布（計7533枚）
有効回答数：3285人（うち委員・役員経験者2674人）

『PTA実践事例集(26) 親も子もともに学び成長するPTA活動』

『PTA実践事例集(27) 家庭・学校・地域の「絆」をつむぐPTA活動』

社団法人 日本PTA全国協議会＝編・発行（2011年／2013年）

日本PTA全国協議会（日P）に加盟するPTAに配布される『PTA実践事例集』。全国のPTAの注目すべき取り組みが、たっぷりと紹介されています。隔年発行。直接注文する場合は、氏名（あれば団体名）・送り先住所・希望の号数・希望部数を記入のうえ、FAXで申し込めます。

＜社団法人日本PTA全国協議会＞FAX 03-5545-7152

webサイト『素晴らしいPTAと修羅場らしいPTA（Think! PTA!)』

http://www.think-pta.com/

作家・川端裕人さんらが立ちあげた、PTAの問題を共有し、議論を盛りあげていくための情報サイト。リンク集、資料集、BBS等。18～20ページでコメントを引用した『PTAの入退会自由に関する請願書』署名簿（Web公開バージョン）も、ここから見られます。

〈NPO法人 ファザーリング・ジャパン PTA座談会〉

2013年8月、この書籍をつくるにあたって、NPO法人ファザーリング・ジャパンの協力で座談会を開催。男女計20名ほどのメンバーに話を聞かせていただきました。

● NPO法人ファザーリング・ジャパン

「Fathering=父親であることを楽しもう」という意識の浸透によって、働き方の見直し、企業の意識改革、社会不安の解消、次世代の育成を促す、ソーシャルビジネス・プロジェクトです。女性会員も多数。

〈もっと楽に&もっと楽しく「PTA」アンケート〉

2013年秋、この書籍の制作にあたって、web上でアンケート調査をおこないました。全国から計50名ほどの方が記入くださり、うち半分ほどの方には、メールでの追加取材にもご協力いただきました。

著者紹介

大塚玲子（おおつか・れいこ）

編集者＆ライター。おもなテーマは「PTA（保護者組織）」と「いろんなかたちの家族」。各種媒体にPTA関連記事を多数執筆、各地でおこなう講演会も好評。現在、中学校のPTAでは学年総務部長＆運営委員。著書に『PTAがやっぱりコワい人のための本』（太郎次郎社エディタス、2016年）、『オトナ婚です、わたしたち』（同、2013年）など。

ホームページ　http://ohjimsho.com/

PTAをけっこうラクにたのしくする本

2014年6月　1日　初版発行
2023年7月20日　オンデマンド版発行

著者…………………………　大塚玲子
装幀…………………………　原田恵都子（ハラダ＋ハラダ）
本文デザイン＋DTP …　沖直美（MORE than WORDS）
装画・似顔絵など………　原田リカズ

本書のコメントで登場するキャラクター（似顔絵）は、「Interview」に登場した方と木村草太さんを除き、編集部の想像で付加したものです。性別・見た目等は、実際の回答者と異なる場合があります。

発行所……………………………　株式会社太郎次郎社エディタス
東京都文京区本郷3-4-3-8F　〒113-0033
電話03-3815-0605
http://www.tarojiro.co.jp/
電子メール　tarojiro@tarojiro.co.jp
印刷・製本……………………　シナノ書籍印刷＋大日本印刷
定価……………………………　カバーに表示してあります

ISBN978-4-8118-0773-7　C2037

好評既刊

大塚玲子の本

PTAがやっぱりコワい人のための本

PTAシリーズ第２弾！
いつのまにか増えている仕事、
保護者の対立が泥沼化する理由、
ポイント制の罠など、負の連鎖が
おこる仕組みを解明。
「意外と悪くなかったPTA」と
なるための出口はどこに!?

〈四六判・並製・216 ページ・1500円+税〉

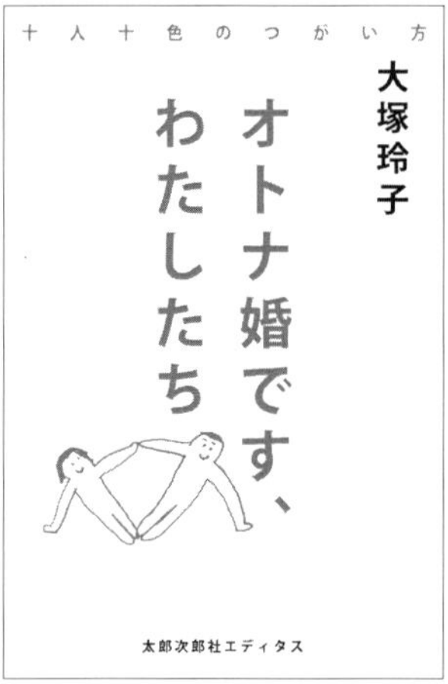

オトナ婚です、わたしたち
十人十色のつがい方

形も中身も多様な「つがい方」をしている
10組のカップルを取材。
入籍の有無、別居や通いもありの住まい方、
同性婚、年の差婚、浮気容認婚……。
自分にとって居心地のいい関係を求めたら、
こんなフウフになりました。

〈四六判・並製・240ページ・1500円+税〉